私の悟りレポート

~とある禅師の講義録~

在家 樂
ZAIKE GAKU

幻冬舎MC

私の悟りレポート

～とある禅師の講義録～

目次

【プロローグ】

私は瀬戸香子、某大学で東洋思想史を専攻している大学院生。二十三歳。

現在、大学で仏教について研究を行っている私は、とあるきっかけで禅の悟りをテーマにしたレポートの作成に取り組むこととなった。

まず、そのきっかけから話を始めることとしたい。


そもそも私が禅に興味を持ち始めたのはいつ頃だったろうか。

子供の頃、私が名前を知っているお坊さんといえば、『西遊記』に登場する三蔵法師（玄奘三蔵）と、とんち坊主で有名な一休さん（一休宗純《そうじゅん》）くらいだった。

その後、大学生になり仏教について学ぶこととなった私は、玄奘によって翻訳された教典群が日本の仏教に大きな影響を与えたこと、そして、日本から仏教を学ぶために入唐した道昭《どうしょう》が、玄奘から禅の修行を勧められていたことを知った。また、禅僧だった一休宗純が、実際はとんでもない破戒僧だったということも知り、いつしか仏教を学ぶ私の中で禅は気になる存在になっていた。

大学卒業後、大学院に進み本格的に仏教の研究をすることとなった私は、ほどなく仏教を理解するに当たって大きな壁に突き当たった。

いうまでもなく仏教は約二千五百年前にインドで仏陀によって説かれた教えだ。しかしその後、仏教は多くの宗派に分かれ、一つの宗派の教えを理解するだけでもかなりの時間と労力が必要になりそうだった。

（仏教の全体像を理解するなんて、一生かかっても無理かも）

膨大な仏教の教えという壁に突き当たった私は次のように考えた。

（そもそも様々な宗派の教えも、仏陀が説いた〝悟り〟を得るための教えであるはずだ。ゴールである悟りの体験が理解できれば、そこから各宗派の教えが紐解けるのではないか。悟りという山頂が明確になれば、山頂からの視点で、悟りに至る様々な教えの道筋が明ら

かになるに違いない）
　そして、悟りというゴールを理解するために私が選んだのが禅だったのだ。

　なぜ、禅なのか。禅は他の宗派の教えと異なり、そもそも経典に依拠しない。理屈抜きに純粋に悟りの体験そのものについて理解することができるのではないかと考えたためだ。前述の玄奘三蔵が禅を勧めていたというエピソードも、この私の確信を高めていた。

（膨大な経典をインドから持ち帰った、あの玄奘三蔵も禅を勧めていたのだから）

　また、禅の悟りを理解することで一休宗純の破天荒な言動も理解できるかもしれない、そんな淡い期待も私の心をよぎっていた。加えて、難しい経典の理論や解釈の苦手な私にとって、禅はうってつけのように思えたのだ。

　以上が、私が禅の悟りについてレポートの作成に取り組もうと思ったきっかけだった。

　もちろん、実際に禅の修行をする訳ではないので、悟りを直接体験することはできないが、悟りの体験がいかなるものなのかを知的にでも理解することは可能なのではないか、

【プロローグ】

私はそう考え作業に着手した。

しかし、様々な書物を読んだものの、禅師たちの言動は謎めいた言葉や意味不明の行動が多く、書き物だけでは、なかなか悟りとはいかなる体験なのかが理解できない。もともと禅自体が以心伝心、文字や言葉によらず真理を伝えるという伝統であるためなのか、悟り自体、つかみどころがなくレポート作成作業も行き詰まってしまっていた。

（部屋に籠って書き物だけを読んでいても仕方ない）

あるとき、私はそう思い、意を決して実際に禅師に会って直接話を聞いてみることを思い立った。

私は、とある禅寺に風変わりな和尚がいるとのうわさを耳にしたので、その和尚を尋ねてみることとした。あえて有名な禅寺を選ばなかったのは、なんとなく一休宗純のような変わった禅師に会えるかもしれないという淡い期待があったためだ。

その和尚の名は雲庵和尚。一応、禅師らしいのだが、いわゆる厳格な感じの禅師ではなく、どちらかと言うと、禅画に描かれるような何ものにもとらわれることのない、不思議な雰囲気を漂わせる和尚らしいとのこと。また、説法は、仏教にとどまらず、他の宗教も含めた話をするらしく、弟子入りした者は一様に、これまで持っていた知識や先入観を変えられてしまう経験をするようだった。

また、お寺では決まった行事などもなく（どうやら雲庵和尚が住職になってから、行事や儀式は面倒くさくなり一切やめてしまったらしい）、日頃からぶらぶらと仙人のような生活をしている和尚を、近所の人たちは〝大福和尚〟と親しみを込めて呼んでいるとのことだった。

（大福？　なぜなんだろう）

私は夏休み中でもあったので、さっそく電話番号を調べ、お寺に連絡をしてみることにした。

電話に出たのは、気さくなお婆さんだった。

「いつでもいらしてくださいな。和尚は暇なのでどこにも行きませんから。ああ、あとお土産をお持ちになるなら、駅前の団子屋の大福を買ってきなされ」。ご丁寧に、お土産のアドバイスまであった。

（なるほど、だから大福和尚なんだ）。謎はあっさり解けた。

無欲なお坊さんといえども、初対面で手ぶらという訳にもいかないだろうと、私はちょうど手土産に思案していたところだった。

私はお寺に電話をした後、向こう一週間の天気予報を確認し、取材スケジュールを決定した。

【一日目】

意識とは大海なり

アポイントを入れてから、数日後の月曜日の朝、私は目指すお寺に向かった。

お寺は自宅のアパートからは在来線を乗り継ぎ約一時間、最寄駅からは徒歩で二十分くらいの場所にあった。

私は最寄り駅に到着すると、駅前で事前に話に聞いていた団子屋で大福を調達し、地図をたよりにお寺まで歩いていった。

（暑いのは苦手だな）。そうつぶやきながら強い日差しの中、私は二十分ほど歩き、なんとか予定時刻にお寺にたどり着いた。

「××寺、ここか」。門の前で立ち止まり思わずつぶやくと、私は額の汗をぬぐった。

門をくぐると、案内のお婆さんが出てきた。

最寄り駅で、あらかじめ電話を入れておいたので待ってくれていたようだ。

「瀬戸さんかい？」

「はい、お電話しました瀬戸です。雲庵和尚を訪ねてまいりました」。私は元気よく答えた。

「暑い中、ようお越しになられた」。お婆さんはそういうと、私を和尚のところまで案内してくれた。

お寺は、お世辞にもきれいなお寺という感じではなく、あちこち雑草が生え、屋根の瓦もところどころ割れていた。

ほどなく、境内でスズメに餌をあげている和尚の姿が目に入った。

（この方が、雲庵和尚か）。私は心の中でつぶやいた。

和尚に近づくと、さっそく私のほうから挨拶を切り出した。

「はじめまして、瀬戸香子と申します。大学で仏教の研究をしています。今日は、禅の悟りについて教えていただきたいと思い、和尚を訪ねてまいりました」

「そうか、悟りについてか」

和尚はそう言うと少し沈黙し、私のやる気を確かめるような視線で私を見ながら、聞き返してきた。

「悟りは体験によって理解するものだ。そもそも禅は不立文字《ふりゅうもんじ》、教外別伝《きょうげべつでん》が原則だが、この言葉は知っているかね？」

「はい、存じております。真理は言葉に依らず、言葉以外の体験で伝わるということですよね。ただ、それだと研究が先に進まないので……。なんとか言葉で説明してもらえないかと思い、今日はこちらのお寺を訪ねてまいりました」。私は懇願するような口調で答えた。

「そうか。弟子入り希望の者なら座禅を勧めるところだが」。和尚はそう言って少し思案した。

「学生さんということのようだからな。まあいいだろう、説明してみよう。はたしてついてこれるかな」。和尚はそう言うと、私を座敷に案内した。

（よかった）。私は胸をなでおろした。

先ほどまで和尚の周りにいたスズメたちは、すでに立木の上にとまっており、私と和尚のやり取りを眺めていた。私は、スズメたちの食事を邪魔してしまったようだ。

座敷に上がると和尚はゆっくりと座布団の上にあぐらをかいた。

私も案内されるままに、用意された座布団の上に正座した。

「すみません、スズメに餌をあげておられるところ中断させてしまい……」

私がそう言うと、和尚は一呼吸あけて「いいや、餌はな、自分にあげていたんだよ」。そう言って微笑んだ。

「自分に？」

私は思わず耳を疑った。

「そうだ、自分にだ。私にとっては、自分もスズメもない。すべては自分だ。スズメの姿をした自分の一部に、餌をあげていたのだよ」

「え！」。私は面食らった。

「スズメが自分？　すべては自分？ですか」。私は、再度聞き返した。

「そう。すべての存在は私だ。例えば、ここを這っているこの一匹の蟻も私の一部だ」。

和尚はそう言って、畳の上の一匹の蟻を指さした。

「この蟻がですか？」。思わず私は畳の上の小さな蟻を見つめた。

「そうだ、私にとってはこの蟻も自分の意識の中にある。だから、蟻一匹といえど殺すことはできない。この蟻を殺すことは自分の一部を殺すことだ。ここにあるすべてのもの、そなたも私の意識の一部だ。そなたという私の一部が質問をしているので、ここにいる和尚としての私が答えているのだ」

（そんな馬鹿な、この和尚は何を言っているのだろう？）。私はそう心の中でつぶやくと、思わず疑問が口をついて出た。

「私にとって、和尚と私は別の人間ですが……」

「そう、そなたにとって、すべての存在は別々だろう。悟り以前は、私もそなたと同じ認識だった」。そう言うと和尚は遠くを見つめ、さらに話を続けた。

「しかし、悟りの後は、もはやすべての存在は私の一部なのだ。正確に言えば、肉体の中に閉じ込められたちっぽけな〝私〟などもはや存在しないのだ」

「え？」。私は呆気にとられた。

（悟り後は肉体に閉じ込められていないって、いったいどういうこと？）

しばし沈黙の後、私はなんとか和尚の言葉の意味を理解しようと、自分なりに意味を解釈し質問を続けた。

「それは、自分以外のすべての存在が私の一部だと想像するということでしょうか？」

和尚は大きく首を横に振った。

「違う。悟りは、思考上での単なる想像、イマジネーションではない。悟りは、思考を超えた意識上の現実だ」

「意識上の現実？　どういうことですか」

私が尋ねると、逆に和尚が私に質問をしてきた。

「その問いに答える前に、まずそなたに尋ねよう。自己とは何か？　肉体か？　感情か？　思考か？　これらは自己の一部ではあるが、自己の核心部分ではないだろう」

「あ、はい」

「自己の核心部分は、肉体、感情、思考を見守る意識だ。肉体が変化しようとも、感情が移り変わろうとも、思考が流れようとも、それらを見守る自己の意識は変わらないだろう」。和尚は続けた。

「はい、たしかに」。私は同意するしかなかった。

「たった今、すべての存在が私の一部だといったのは、意識上で私とそれ以外の存在すべてがつながり一体化しているという意味だ」。和尚は言った。

「意識上ですべての存在とつながるということですか？」。困惑しながらも私は疑問を和尚に投げかけた。

「でも、私の意識はすべての存在どころか、和尚の意識ともつながっている感じはしませんが」

「そなたにとってはそうだろう。しかし、私にとっては違う。悟り後は意識自体が大きく変化するのだ」。そう言うと、和尚は再び私に質問をした。

「ちなみに、そなたは自分の意識はどこにあり、その境界はどこだと認識している？」

唐突な質問に戸惑いながらも私は答えた。

「私の意識ですか？　私の意識は自分の体の中にあり、体の外には意識はありません。なので、当然、肉体の境界が意識の境界です」

「そうだな。だが、悟り後はその自分の意識の境界がなくなるのだよ」。そう言うと、和尚は微笑んだ。

「意識の境界がなくなる？」

「そうだ、悟り後は、意識が肉体の境界を越えてどこまでも広がっていく、そう感じられるようになるのだ。肉体は有限だが、意識だけは無限になる。もはや、自分という個体性を持った意識ではない。あえていえば、存在全体の意識だ」

（どこまでも意識が広がる？　存在全体の意識？）。戸惑いながらも私は質問を続けた。

「どうして悟ると意識がそのような状態になるのでしょう？」

戸惑う私を見た和尚は、私が手に持っていたノートとペンを指さして言った。

「ちょっとその手元に持っているノートとペンを貸してくれんかな。悟りによる意識の変化を理解しやすいように、たとえ話を使って説明してみよう」

「あ、はい、どうぞ」。すかさず私はノートとペンを差し出した。

ノートとペンを受け取ると、和尚はノートに何やら絵を描き、おもむろに話し始めた。

「海の中に、このように蓋の閉まった瓶が二本沈んでおり、瓶の中にはいくらか水が入っているとしよう。なお、ここでは瓶を個人、水を意識にたとえている。この状態では、各々の瓶の中の水と、周りの海水とは切り離されているな」。そう言って和尚は描いた絵を私に見せた。

「はい」

「次に、こちらの瓶の蓋が開いたとしよう。この瓶の中の水はどうなる？」。そう言うと、和尚は絵に描いた瓶の一つを指さした。

「周りの海水が瓶の中に流れ込み、瓶の中の水と混ざり合い一体となります」。私は答えた。

「ではその水が意識だとすると、意識はどういう状態になっている？」。和尚は尋ねた。

（水が意識ということだから……え！　まさかそういうこと？）。私は心の中でつぶやいた。

　私の心のつぶやきが聞こえたのか、和尚は言った。

「そうだ。これこそが悟った者に起きる意識の状態だ。

瓶に閉じ込められていた自己の意識という水が、存在全体を満たす大海のような意識の水と一つに混ざり合うのだ。そうなれば、もはや瓶の水（すなわち自己の意識）などなくなる。大海の海水（すなわち存在全体の意識）が自分の意識となるのだ」

和尚はそう言うと、もう一方の瓶の絵を指さして言った。

「一方、蓋の開いていない瓶の中の水（すなわち自己の意識）は、瓶の中で孤立したままだろう？」

「あ、はい」

「瓶の中で孤立している意識。それが今のそなたの意識状態だ」

「……」。私は言葉を失った。

（しかし、肉体があるから意識があるのだろう、何もないところに意識が充満していて、その意識と融合するなんて、そんなことがあり得るのだろうか？）。私は食い下がった。

「でも、いまのたとえ話ですと、私たちの周りに大海のような意識が満ちているという前提ですよね？　そもそも、そのような存在全体の意識は本当に存在するのでしょうか」

和尚はあらかじめ私の質問を予想していたかのように笑みを浮かべると、次のように言った。

「そこは直接体験を通じなければ理解できない部分だ。なぜなら、この存在の意識は自分自身の意識をもってでしか知ることはできないからだ。意識自体は見ることも触ることもできないからな」

「体験ですか、やはり……」。私は、言葉による説明の限界にぶつかった気がした。

（でも私は修行者ではないし。体験をとおさずに、そのような意識が存在することの何か証拠のようなものは見つけられないだろうか？）。私は心の中で自問した。すると、私の心の中を読み取ったかのように和尚が語り始めた。

「存在全体の意識、すなわち悟り意識を理解するには体験が必要だ。だが、悟りを体験してきた者は多く存在しており、それらの者による言葉、証言ならたくさんある」

和尚は助け舟を出してくれたようだ。

「例を挙げていただけますでしょうか？」。私は即座に尋ねた。

「例えば唐代の禅師、玄沙師備《げんしゃしび》の言葉にこういうものがある。

『われらは大海の中で、頭も肩も水に浸っているようなものである。しかもなお、われわれは、さも悲しげに、水を求めて両手を差しのべているのだ』。この言葉の意味が分かるかね？」

和尚はそう言うと私の顔を見た。

「海に囲まれているのに『悲しげに、水を求めて両手を差し伸べている』のが今の私ということですね」。先ほどの瓶のたとえ話から、なんとなく意味は想像できた。

「そうだ。大海のような意識の海の中にあるのに、その意識を認識できず、つながることもできない。これが悟り前の人々の置かれている意識の状態だ。

ちなみに、玄沙は『尽十方世界は一顆の明珠（全宇宙は一粒の輝く珠）』、すなわち、この世界はすべて悟りその物であるという教えを説いていた。宇宙のすべては広大な悟り意識で満たされ、すべての存在は悟り意識の一部だという意味だ。これこそ悟った者の見ている世界だ」

和尚はそう言うと、さらに話を続けた。

「もう一つ例を挙げよう。同じく唐代の禅師、雲門文偃《ぶんえん》の逸話だ。

雲門は、あるとき、壇上に登って言った。『この禅宗においては、言葉は一切必要でない。そこで、禅のぎりぎりの真髄は何か』。こう自分で問いを提起しておいて、彼は両腕を広げた。そしてそれ以上は一言も言わずに壇を下りた。

この逸話からは、雲門が自分の周囲に広がる存在全体の意識を、両腕を広げ体で表現しようとしていたことが分かる。私たちを取り囲む広大な意識を言葉を用いずに表現するには、こんなふうに両腕を精一杯広げるしか表現のしようがなかった訳だ」。そう言って和尚は自身の両腕を大きく広げた。

和尚の説明を聞いているうちに、（似たような意識の広がりに関する体験談は何かで読んだことがあったかもしれない）。私はふとそう思ったが、その場では思い出せなかった。

私は続けて、体験談以外での証拠を得るため、悟りにより体験される意識が経典ではどのように記述されているのかについて質問をしてみることにした。

「それでは、経典ではこの存在全体の意識についてどのように記述されているのでしょう？」

「経典はたくさんあるが、仏性という言葉が一番分かりやすいだろう」

「仏性ですか」

「『一切衆生 悉く仏性有り』という言葉は聞いたことがあるだろう」

「あ、はい。生きとし生けるものはすべて生まれながらにして仏となり得る素質を持つということですよね」

「そうだ。だが、この言葉も正確ではない。なぜかというと、『生きとし生けるもの（衆生）』に限定した表現だからだ。

正確には、仏性すなわち存在全体の意識はあまねく存在しており、無生物も含めて仏性はある。というか、何も物質が存在しない空間自体にも存在全体の意識は満ちているからだ」。和尚の言葉には力強さが感じられた。

「空間自体に仏性が満ちているのですか？」

「そのとおり」

「ちなみに、仏陀も今お話にあったような仏性についての説明をしていたのでしょうか？」。私はさらに尋ねた。

「いいや、仏陀は悟りに至った後の境地について、詳しく言及することを意図的に避けていた。それは言葉で説明することはきわめて難しく、仮に説明したところで不正確であるし、言葉からその境地を想像しても悟りには一歩も近づけないからだ。仏陀は悟った後の境地についてあれこれ考え時間を無駄にするよりは、さっさと修行をして直接体験しなさいというスタンスだった。

このため、『一切衆生　悉く仏性有り』というような表現が経典に記述されるようになるのは、仏陀の死後ずっと後になってからだ。その後、悟りを体験した者たちによって経典が作られたのだ」

「そうなのですか」

「まあ、言葉だけだとなかなか信じられないだろう。

ただし、そのような広大な存在全体の意識が存在することは疑いようがない事実だ。経典や禅師たちの言葉に依らずとも、このような意識が存在することは、この私が約束しよう」

和尚はそう言うと、ペンとノートを私に返した。

ペンとノートを受け取った私は、とりあえずここまでの話をノートに記録した。

記録を取り終わると、私は再び質問を続けることとした。

「とりあえず、悟りにより意識の変化が生じることは分かりましたので、その前提で質問を続けさせてください。悟り前と、存在全体の意識と一つになった悟り後では、認識自体がどのように変化するのでしょう？　世界がどんなふうに見えるのでしょう？」

（どのような答えが返ってくるのだろうか）。私は和尚の言葉に注意を集中した。

「先ほどの瓶のたとえでも分かるとおり、悟り前（瓶の中に閉じ込められた意識）と悟り後（瓶から解放された意識）では、意識の大きさ自体がまったく異なる。悟り後は周囲のすべての存在にまで自己の意識が拡張し、周囲の存在は自己の意識の中に存在することとなる。

　したがって、悟り後は、認識する側も認識される側も同じ意識、すなわち主体と客体が消える。見る主体も見られる客体もなく、ただ（唯）意識による認識だけがあるという状態になるのだ。目の前のスズメも蟻も私の一部だと言ったのはそういうことだ」。

　和尚の説明は私の想像を超えていた。

　ただ、「主体と客体が消える」という言葉だけは私にも見覚えがあった。

「主体と客体が消える、この言葉は何かで読んだことがあります」

「そうか。ただ、本で読んで頭で想像するのと、実際に意識が拡張し体験するのとはまったく別物だ」。そう言って和尚は注意を促した。書物にある言葉や解説を読み、頭の想像だけで理解したと思ってはならないということなのだろう。

謎めいた達磨の言葉

続けて私は、あらかじめ訪問前に用意していた質問をしてみることとした。

その質問とは、達磨大師の悟り体験についての言葉だった。以前書物でその言葉を読んだときにはまったく意味が理解できず、謎めいた言葉としてずっと私の中で引っかかっていたのだった。達磨大師は禅の始祖であるし、その始祖の体験談には禅の悟りの謎を解く鍵があるはずだ、私はそう考えていた。

もし、和尚のこれまでの話が真実であれば、きっとこの謎めいた達磨の言葉の説明もできるに違いない。私は、悟りによる認識の変化についての説明が聞けたこのタイミングで、さっそく和尚に質問してみることとした。

「以前、禅についての本を読んでいるときに、達磨大師の悟り体験について次のような言葉を読みました。

『悟らないでいるときは人のほうが真理に迫っていこうとするが、悟るときは真理のほうが人に迫ってくる。悟ってからは心が景色を包んでいるが、迷っているうちは心が景色に包まれている』

正直、この言葉の意味がまったく分からないのですが、この言葉はまさに、今ご説明いただいた悟りの意識状態による認識を表現したものなのでしょうか？」

「そうだ」。和尚は答えた。

「具体的にこの言葉の意味を解説していただけますでしょうか」。私は和尚にお願いした。

「いいだろう」。そう言うと、和尚は解説を始めた。

「『悟るときは真理のほうが人に迫ってくる』というのは、自己の意識を閉じ込めているバリアが開いた瞬間、自ずと大海のような存在全体の意識が自己に押し寄せてくる様子を述べたものだ。悟りの瞬間、空っぽだった自己に、存在全体の意識が流れ込み、私たちは無限の意識で満たされる。

先ほどの瓶のたとえで言えば、瓶の蓋を開ければ自ずと海水が瓶の中に押し寄せてくるのとまったく同じだ。禅において瞬時の悟り、頓悟《とんご》が説かれるのは、この意識のバリアが開く瞬間に直ちに存在全体の意識との融合が起こるためだ。

悟りの瞬間は、まさに意識における究極の融合体験、自己意識の解放、魂の渇きが癒される救いの瞬間だ。逆の言い方をすれば、存在全体の意識、悟り意識から分離されている状態こそ、迷いであり苦しみなのだ」

私は、先ほどの瓶のたとえ話をイメージしながら、どうにかこの言葉が示す状態を理解しようとした（海の中で瓶の蓋が開くようなものか）。私は心の中でつぶやいた。

「『真理のほうが人に迫ってくる』とはそういう意味だったのですね」

「そうだ。意識を閉じ込めているバリアが開いた瞬間、それは突如起きる」。和尚は言った。

とりあえず、前半の言葉で語ろうとしている状況はどうにか頭では理解できた。

「では、『悟ってからは心が景色を包んでいる』という後半の部分はどういう意味なのでしょうか」。私は尋ねた。

「『悟ってからは心が景色を包んでいる』と達磨が言ったのは、悟り後は、意識が肉体の境界を越え、あたり一面に広がるため、目に映るすべての存在が、まるで自分の意識の中に浮かぶ映像のように見えるためだ」

「映像のように？」。思わず私は聞き返した。

「そうだ」。和尚は続けた。

「私たちは感覚器官からの神経信号を脳内で映像として認識、意識しているので、そもそも私たちが見ている景色は脳内の映像だ。ここまではいいかな」。そう言うと和尚は私の顔を覗き込んだ。

「はい、大丈夫です」。私は答えた。

「悟る前すなわち『迷っているうち』は、意識が肉体の中に閉じ込められているため、自己の意識が周囲の景色すなわち映像に包まれているように感じられる。景色の中に自分がいるという通常の感覚だ。

一方、『悟ってから』は、意識が肉体の外にまで広がるため、広大な意識の中に脳内映像が映っているという、いわば逆の関係になるのだ。このため、拡大した自己意識の中に景色があるという感覚に変わる。達磨はこのような認識の変化を『心が景色を包んでいる』と表現したのだ」

具体的な説明ぶりは、私には和尚が自身の体験として語っているように思えた。

「うーん」。まだ理解に苦しむ私を見て、和尚はさらに解説を続けた。

「先ほどの瓶のたとえでいえば、景色は瓶の内側に脳内映像として映っている。悟り前は、その脳内映像（景色）の中に瓶の水すなわち意識がある。一方、悟り後は、瓶に映る脳内映像（景色）の中と外の両方に水すなわち意識がある。意識と映像の関係がそのように変化するのだ」

私は半ば呆然としながら和尚の話を聞いていた。そして話を聞き終わると、「やはり、悟りは想像を超える体験なのですね」と素直な感想を口にした。

「まあ、理解できなくて無理はない。このような言葉、体験談は、実際に同様の体験をした者が祖師たちと同じ境地にいることを確認できるように語られたものだ。

なので、悟りによる意識の融合、拡張体験をしていない者には謎めいた言葉にしか見えないだろう」。和尚は付け加えた。

「分かりました。とりあえず和尚の今の解説で、達磨大師がどういう意識状態を伝えようとしていたのかは少し分かった気がしました」

「そうか」。和尚はそう言い、アドバイスをしてくれた。

「私が今話したことを前提に、いろいろな悟り体験を読み直すのもいいだろう。今まで理解できなかったことが、少しは理解できるようになるかもしれない」

和尚の説明を聞き終わると、私は予想を超える話に動揺した心を落ち着けようと深く息をした。

「一旦分かりました。家に帰って改めて体験談を読み返してみます」

私たちの意識を閉じ込めるもの

私がノートに記録し終わるのを待って、和尚は再び話し始めた。

「悟りにより知ることとなる存在全体の意識は隠されていない。あまねく存在し、絶えずそこにある。そして、私たちの自己の意識と、存在全体の意識には質的には何ら違いはない。なぜなら、もともと一つの意識だったのだから。仏性という言葉をあえて使えば、すべての存在は仏性（意識）を有しており、私たちは誰しもあまねく存在する仏性（存在全体の意識）と融合することが可能なのだ。

それができないのは、ただ単に、私たち自身が自らの仏性（自己の意識）を閉じ込めているからなのだ。そして自らの仏性を閉じ込めるバリアを拭い去るかどうかは、ひとえに自分自身の問題なのだ」

「私自身の問題ですか？」

「そうだ、自分のバリアは自分で取り払わなければならない。バリアを取り払う、すなわち悟りを得ようという心を起こし努力しなければ、閉じ込められた仏性はいつまでも単なる可能性のままだ」

「分かりました。では、バリアとは具体的に何を指すのでしょう？」。これまでの話の核心部分について私は質問をした。

「バリアとは自我のことだ。煩悩という言い方もできる。だからこそ、古来より様々な教えにおいて自我を落とすこと、無我が説かれるのだ」

「自我、ですか」

和尚は私の反応を見ながら、確認するように聞いた。

「自己と自我の違いが分かるかね？」

「うーん」。私は首をかしげた。

首をかしげる私を見ながら再び和尚は語り始めた。

「私たちは自己と自我という二つの部分から成り立っており、その違いについて普段意識することはない。自己と自我は、言い換えれば本当の自己と、作られた仮面の自己、偽りの自己だ。そして、私たちは誰しも、自我、すなわち自ら作り上げた仮面の自己、偽りの自己に執着している」

「プライドや自惚れのような自分についての思い込みのことですか」

「そうだ、理解しやすいよう自己と自我の違いについてもう少し詳しく解説しよう。

まず、自己とは私たちの核心部分、純粋な意識そのものだ。そして、自我とは、私という独立した存在、すなわち〝我〟があるという認識をもとに、その〝我〟が特別な存在だというおごり高ぶり、そして自己愛によって形成される偽りの自己イメージだ。

　私たちは真理に対して無知すなわち無明ゆえ、誰しも自ら作り上げた、この自我という偽りの自己イメージ（思考）に執着している。その結果、この思いによる思考が厚い雲のように自己意識を取り囲み、バリアとなって私たちの意識を存在全体の意識から隔離しているのだ。そして、バリアによって意識が切り離されてしまう結果、ますます私という独立した存在、自我があるという思いから抜け出せなくなってしまう。私という独立した意識体があるという感覚が、さらに自我に対する執着を強めてしまうのだ。

　悟りとは、この自我という思考のバリア（自我の殻）を落とすことなのだ」

　これまで自己と自我の区別について考えたことのなかった私は、和尚の説明についていくのがやっとだった。

（純粋な意識である自己が本当の自分なんだ。そして、本来、意識は孤立したものではない）

　私はノートに記録を取りながら、どうにか自分なりに話を整理すると、念のため和尚に説明してみた。

「自分自身の自我、〝我〟についての思い、思考がバリアで、私たちは自我に執着しているためバリアが消えず、存在全体の意識から切り離されている。そして、自我への執着をなくしバリアを落とすことができれば存在全体の意識と一つとなる。それが悟りということなんですね。

たしかに、存在から私たちを切り離すバリアがなくなり〝我〟が消えれば、〝我〟に対するおごり高ぶりや自己愛なんてそもそも消えちゃいそうですね」。私は、自分なりに理解した内容を感想とともに述べた。

私の説明を聞いた和尚は無言で頷いた。

(なんとか理解できたかも)。私は心の中でつぶやくと、思わずため息をついた。

ため息をついた私を見て和尚は言った。

「今日は、いきなり難しい話ばかりで、理解できない部分もあっただろう。今日のところは、これくらいにしておこう」

しばらくして私が記録を取り終わるのを見届けると、和尚はゆっくり立ち上がった。

私もお礼を言おうと立ち上がろうとしたが、思わずよろめいてしまった。驚くような話で時間を忘れてしまい、久しぶりの正座であったためか足がしびれてしまったようだ。

「ありがとうございました。悟りの体験は私の想像をはるかに超えていることが、とりあえず頭では理解できました。まだいろいろお聞きしたいことがありますので、質問を整理して、また明日お伺いさせていただきます」。私は和尚にお礼を言うと、お土産を持ってきたことを思い出した。

「あ、あと、これ食べてください」。あわててカバンからお土産の大福を取り出し、和尚に差し出した。

和尚は包みを見て大福だと分かった様子で、笑みを浮かべながら「この大福は最高にうまい、ありがたくいただくことにしよう」。そう言って包みを受け取った。

私は玄関で和尚とお婆さんに軽く会釈をし、その場を後にした。お寺の門をくぐった後、ふと振り返ると、ひとりになった和尚が再び集まってきたスズメたちに餌を与えていた。

その後、最寄り駅で帰りの列車に乗り込むと、私はさっそくノートを開いて今日の記録を読み返した。

「周囲の存在すべてが自己の意識の中にあるか。たしか何かで似たような体験談を読んだ気がする。家に戻ったら書棚を探してみよう」。そうつぶやくと、私は疲れもあり、その後は車窓に映る景色をただ眺めていた。

家に到着後、さっそく私は今日の和尚の話を記録すべくパソコンに向かった。私は入力を行いながら、リアルな悟り体験についての和尚の解説を思い返し、改めて驚きの念に浸っていた。

その後、パソコンへの入力作業を終えた私は、体験談が記載された本を探す前に一旦休憩を取ることとした。

コーヒーを飲みながら休んでいると、私はふと、以前読んだインドの宗教哲学者クリシュナムルティの〝光明〟体験のことを思い出した。

「確かあの体験談に今日の話と似たようなことが書いてあったような気がする」。私は書棚からその体験談が記載された本を取り出すと、改めてその記述に目をとおした。そこにはこうあった。

道を補修している人がいた。その人は私自身であった。彼の持っているつるはしも私自身であった。彼が砕いている石までもが私の一部であった。青い草の葉も私そのものであった。私のそばの木も私自身であった。私はほとんどその道路補修工のように感じたり考えたりできた。私は木々の間を通り抜ける風を感じ、草の上にとまった小さな蟻を感じることができた。鳥や、ほこり、さらには騒音までもが私の一部であった。ちょうどそのとき、少し離れたところを車が通っていった。私はドライバーであり、エンジンであり、そしてタイヤであった。自動車が私から遠ざかるにつれて、私は自分自身から離れ出た。私はすべてのなかにあり、というよりはすべてが——無生物も生物も、山も　虫も、生きとし生けるものすべてが——私のなかにあった。一日中、私はそうした幸福な状態にあった。（『クリシュナムルティの世界』星雲社／大野純一編訳より）

　クリシュナムルティは禅の指導者ではないが、この体験談はまさに「主体と客体が消える」という今日の和尚の話と一致している、私は直感的にそう感じた。

　その後も、思い当たる体験談をいくつか見つけ、改めてそれらの体験談を読み返してみた。いずれも、周囲の存在との一体感を感じるような体験という点で共通するものがあった。

また、見覚えのあった「主体と客体が消える」という和尚の言葉については、調べていくうちに「無分別智《むふんべつち》」という仏教用語に行き当たった。用語の解説にはこうあった。

『仏語。相対的な主観・客観の分別を離れた真実の智慧。識別・弁別する分別智《ふんべつち》に対して、それを超えた絶対的な智慧をいう』（『デジタル大辞泉』小学館）

「絶対的な智慧か」。思わずため息が出た。

「きっと、悟りによる智慧は、意識の融合・拡張体験による分別が消えた状態での認識、智慧だから〝絶対的〟という言い方をしているんだろう」。私は今日の和尚の話を思い出しながら自答した。

「私は修行者ではないから体験するのは無理だけど、和尚自身の体験に基づく話を聴くことで、悟り体験のない私でも何らかの知見が得られるに違いない。それをレポートにするのが今回の取材の目標だ」。私はそう自分に言い聞かせると、改めて今日の取材ノートを開き、明日の取材に向けた準備に取りかかった。

【二日目】

日常的な悟りの一瞥

今朝は訪問への期待からか、いつもより早く目が覚めた。（昨日は予想外の話ばかりで面食らってしまったが、今日は落ち着いてこちらから質問をしよう）。私はそう自分に言い聞かせた。

悟り体験とは、自己の意識が存在全体の意識と融合するというのが昨日の和尚の説明だった。この説明の中で鍵となるのは、やはり私たちを取り囲む存在全体の意識だ。

悟り体験によって知られるこの意識について、悟り体験者の証言以外に何か傍証のようなものが得られないだろうか。もし、この意識が私たちを取り囲んでいるのなら、何らかの接点が私たちにもあるのではないか、私はそう考えた。

（私のこの疑問に和尚はどんな話をしてくれるのだろう。もしかすると、また予想外の答えが返ってくるかもしれない）

私は朝食を済ませると、さっそく取材の準備を整え、自宅を出発した。

外は快晴。今日も暑い日になりそうだ。

午前十時半、予定時刻にお寺に到着すると、強い日差しの下、和尚が境内で水を撒いているところだった。

私に気づいた和尚は手を止めると、私を昨日の座敷に案内した。

座敷に上がると、私は正座をし、改めて和尚に挨拶をした。

「和尚、おはようございます。今日もよろしくお願いします」

「ああ。今日はどんな話が聞きたいかな」。和尚は微笑みながら言った。

私はさっそく用意した質問について和尚に聞いてみることとした。

「昨日、悟りで体験される、私たちを取り囲む広大な存在全体の意識についてお話しいただきました。正直、実感がなかなか湧かないのですが、この存在全体の意識について、私たちが普段日常的に体験できることから、少しでも実感が湧くような解説はしていただけないものでしょうか？」

（難しいお願いかな）。私は心の中でつぶやきながら和尚に尋ねた。

和尚は少し思案するとこう言った。

「日常的な体験からか。いいだろう、多少なりとも理解の助けになるような話をしてみよう」

私のリクエストに和尚は応えてくれそうだった。

「ノートの準備はいいかね」

「はい、いま用意します」。私はあわててノートとペンをカバンから取り出した。

私の準備ができたのを見計らうと、和尚は話し始めた。

「昨日話をした存在全体の意識だが、実は、誰しも気付かないうちにこの意識を垣間見る体験はしているのだ」

「え、そうなんですか？」。私は思わず身を乗り出した。

「ただし、ほとんどは無意識的に一瞬の間だがな」

和尚は続けた。

「昨日話したように、私たちの意識を閉じ込める自我の殻が開く瞬間に悟り体験は起きる。いわゆる忘我と呼ばれている無思考の瞬間には、ほんのわずかな間、自我の殻が開き、意識の広がり、解放を感じることができる。そして、そのような瞬間は無意識的にではあるが日々誰もが体験しているのだ」

「例えばどんなときに体験しているのでしょうか？」。すかさず私は尋ねた。

すると、逆に和尚が私に質問をしてきた。

「ちなみに、そなたの趣味は何かね？」

「私の趣味ですか？　音楽を聴くことです」。唐突な質問に少し戸惑いつつ私は答えた。

「そうか。では音楽を例に話をしてみよう。音楽は楽しいかね？」

「ええ、もちろん。好きな音楽を聴いているときは、とても気分が良く最高ですね」

私の答えを注意深く聞き終わると、和尚は話し始めた。

「実は、その気分が良くなる体験の後ろには、悟りに近い状態が生じているのだ。

具体的には、好きな音楽を聴き、その音楽による感動がピークに達する瞬間、無思考状態で自我の殻が開き、一瞬だが意識の広がりを体験をしている。そして、その体験こそが音楽を聴くことによる解放感、幸福感につながっているのだ」

「そうなんですか！」。思わず驚きが口に出た。

和尚は説明を続けた。

「他にも、自我の殻が一瞬開く行為はたくさんある。

例えば、大自然の中で感動的な体験をしている瞬間、映画好きな人が我を忘れ鑑賞している瞬間、創作活動が好きな人が無心になって創作に没頭している瞬間、歌やダンスが好きな人が夢中に歌い踊っている瞬間、性的な快楽のピークの瞬間などだ。

これら日常的な忘我の状態では、ほんの一瞬ではあるが自我の殻が開くのだ。むろんそのことについて私たちは通常、無意識だ。ただ、注意深く自己の内面を観察すれば、思考が止まる忘我の瞬間、ほんの一瞬、意識の境界が消え去る感覚を感じることが可能だ」

「そんなに頻繁に！」。意外な答えに私は驚きを隠せなかった。

「ただし、これら一瞬の忘我状態は、自己意識と存在全体の意識との融合が起きるほどは長くは続かない。あくまでも、自我の殻が開くことによる意識の広がりを一瞬垣間見させる体験だ。いわば、悟りの前段階のような体験だ。

しかし、そのような一瞬の体験であっても、そこから得られる解放感、幸福感は大きい。だからこそ、人々はこれら意識の解放体験を生じさせる行為を繰り返し追い求めようとするのだ」

和尚の話には思い当たる節がいくつもあった。たしかに、私も音楽を聴かない日はないし、妹もダンスには夢中だ。そして多くの人は何かしら趣味を持っている。

「ということは、私たちは誰しも無意識的に悟り体験を追い求めているということですか」

和尚は頷いた。

「そのとおり。なぜなら、悟りとは私たちすべての者が本来あるべき自然な意識状態だからだ」

（そうなんだ……）。私は心の中でつぶやき、続けて質問をした。

「では、私たちは一瞬とはいえ日常的に自我の殻が開く体験をしていながら、どうして自我という殻が、また元に戻ってしまうのでしょう？」（この点はぜひ知りたい）。私はそう思った。

「その理由は、主に二つだ」。和尚は私の質問を予想していたかのように説明を続けた。

「一つ目は、自我の殻が厚いためだ。自我に対する執着がある間は、自我の殻はとても厚く私たちの意識を覆っている。したがって、仮に一時的に自我の殻が開く体験をしても、すぐに元に戻ってしまう。

自我への執着、自我の欲望を満たすことに未練が残っている間は、それに比例し、自我の殻も厚くなるのだ。そして、この執着は意識層だけでなく無意識層にまで深く根付いたものだ」

和尚の説明を聞いた私はすかさず言った。

「分かりやすく言うと私たちは煩悩まみれだからということなんですね」

「そうだ」。和尚は笑いながら答えた。

私は、ここで修行の必要性にたどり着いたことに気付いた。

「だから、煩悩、すなわち自我への執着をなくすような、禁欲や忍耐、お布施というような修行が必要になるんですね」

「もちろんそういう方法もあるし、他にも自我への執着を解く方法にはいろんなアプローチがある。方法論は宗教や宗派によって様々だ」。そう和尚は答え、解説を続けた。

「もし自我への執着を少なくしていくことができれば、自我の殻は薄くしていくことができる。逆に言えば、自我への執着を強くする世俗的な欲望や事柄に未練がある間は、悟りに至ることはできない。だから、もし禅師に世俗的な人生相談やお悩み相談をしても、『そんなこだわり、捨ててしまえ！』と一喝されてしまうだろう」

和尚の話を聞いた私は正直な感想を口にした。

「でも、仏教で教えている、すべての物事は無常でこの世のすべては苦しみであるといったことを頭だけで理解しても、世俗的欲望への未練はなかなか消えませんよね」

「そうだな。なので、迷いなく悟りに向かえる人とは、世俗的欲望にとらわれることによる苦しみから心底抜け出したいと思う人、世俗的欲望にもはや望みを抱かなくなった人だ」

和尚の言葉を聞いた私は「自分はもっと人生経験積まないといけないみたいですね」と言って苦笑した。

私の言葉を聞いた和尚は微笑みながらこう言った。

「まあ、何事にも〝時〟というものがある。悟りとはこういうものだと覚えておけば、いずれ役に立つときがくるだろう」

しばしの沈黙の後、私はここまでの話をノートに記録すると、質問を再開した。

「一つ目の理由は分かりました。では二つ目の理由は何でしょう？」

「二つ目は、自我の殻が開く日常的体験は、どれも外的要因によって誘発された忘我、無思考状態により生じたものだということだ。直接的に自己の内面を見つめ、無思考状態に至ったものではない。したがって、誘発する外的要因がなくなれば、体験も止まる」。そう言うと、和尚は例外があることについても付言した。

「ただし例外的に、自我への執着がほとんどなくなり、自我の殻がきわめて薄くなっている状態では、外的要因によって誘発された無思考状態が、最後の一押しとして自我の殻を完全に開き、悟りに導くようなことはあり得る。例えば、カラスの一声で悟るというような例だ」

「カラスの声で悟ったというと、一休宗純がそうでしたね」。一休の悟り体験は以前、本で読んだことがあった。

「そうだ。ただ、このようなことが起きるには、前提として一つ目の理由で説明した自我への執着がほぼなくなっているという場合に限られる。通常、外的要因による悟り体験は、その要因に依存しているがゆえに一時的な体験にとどまるのだ」

（なるほど）。私は心の中でつぶやいた。

「だから外的要因にたよらず自分の内面と向き合う、座禅が必要になるんですね」

「そういうことだ」。和尚は頷いた。

ここまでの解説で、私はようやく座禅の必要性にまでたどり着けたと感じた。

座禅とは何か

ここから先は、座禅と悟り体験との関係についてより詳しく聞いていこう、私はそう思い質問を続けた。

「続けて座禅について、より詳しく教えてください。

座禅とは精神を集中することですよね、どうして精神集中が自我の殻を開くこと、悟りにつながるのでしょう」。私はかねがね知りたかった質問を和尚にしてみた。

和尚は少し沈黙すると私に言った。

「そのことについて説明する前に一つそなたに質問をしよう。先ほど、自我の殻が開く日常的な体験についていくつかの例を挙げたが、これらの体験に何か共通点があることに気がつかなかったか？」

こちらが質問をしたつもりだったが、逆に和尚から質問を投げかけられてしまった。

「共通点？」。しばし思案した後、私は答えた。

「夢中になっているということでしょうか？」

「そう。現時点に夢中になっている。共通点は、現時点に意識が集中しているということだ。現時点に意識が集中することで、思考が止まり自我の殻が開くのだ」

「なぜ現時点に意識が集中すると思考が止まり自我の殻が開くのでしょう？」。私は尋ねた。

「いい質問だ」。和尚はそう言うと次のように続けた。

「自我の殻は、絶え間ない思考活動によって成り立っている。そして、われわれの思考活動のほとんどは過去の記憶を思い出すこと、未来について想像することに費やされており、私たちの意識が現時点に集中することを妨げている。たとえば何か作業をしていても、頭では何か別のことを考えているということはよくあるだろう」

(たしかに)。私はそう心の中でつぶやき、最近あった自分の例を思い出した。

「そういえば、先日、朝食時にコーヒーを入れている最中、つい気になっていた午後の予定のことを考えてしまい、思わずコーヒーをこぼしてしまいました」

「そうだ、人は考え事をしているときは現時点のことに集中できない。一方、目の前に起きている現時点のことに集中するとき、人は考える余裕はなくなる。思考が止まるのだ。例えば、危険な状況に遭遇したとき、思考は止まる。人々がスリルを求めるのもまた、現時点に意識が集中し、思考が止まる瞬間の解放感が背景にあるのだ」

「スリルと言えば、ジェットコースターって怖いんですけど、何か言葉にできない爽快感を感じ、また乗りたくなるんです。あと、そうそう、お化け屋敷も」。そう言って私は笑った。

和尚は黙って頷くと、座禅に話を戻した。

「現時点に意識を集中し、今ここに在ること。これが自我の殻を開く一つの鍵だ。座禅が精神を集中するのは、あくまでも現時点に意識を集中し思考を止めるためだ。

座禅だけではない、禅の修行では、掃除をしたり、薪を割ったり、料理の支度をしたりと日々の作業においても意識を集中して行うことが求められる。もし思考にとらわれ、上の空で作業を行うようなことがあれば、師匠から厳しい一喝を食らうことになるだろう」

（なるほど、そういうことか。たしかに、私たちは普段、あまり意識せず無意識のうちに行為していることが多いような気がする。そこから改める必要があるんだ）。私はそう心の中でつぶやいた。

「今日の解説はこれくらいでいいかな」。納得した様子の私を見て和尚は言った。

「はい、今現時点に意識を集中するという、禅の修行の意味がよく分かりました」。私はそう言うと、その後の話をノートに記録した。

ひととおり記録し終わると、私はカバンの中にノートをしまい和尚にお礼を言った。

「今日もいろんなお話が聞けて、とても勉強になりました」

「そうか。でも、本来、禅は頭で勉強するものではないぞ」。和尚はそう言って笑った。

「あ、そうでしたね」。私も笑顔で頷いた。

「まだいろいろお伺いしたいことがありますので、また、明日もお伺いさせていただきます」。私はそう言うと、立ち上がって和尚にお礼を言った。

　今日は二日目ということもあり、足はあまりしびれていなかった。私は玄関で和尚に軽く会釈をすると、お寺を後にした。

　私は帰り道を歩きながら、頭の中で今日の話を振り返った。

（日々、私たちが無意識的に経験している無思考状態。ここに存在全体の意識との接点、悟りへの鍵があったのか）。そう思うと少し悟りが身近なものに感じられた。

　たしかに普段は自己の内面について意識することはなかった。

（これから音楽を聴くときは意識して自分の内面を観察してみよう。そうすれば悟りの一瞥が得られるかもしれない）。私は歩きながらそう思った。

私は自宅に着くと、さっそく今日の話をパソコンに入力した。

現時点に意識を集中するときに思考が止まり、悟りに近い状態を一時的に体験する。これに当てはまる体験はたくさん見つけられる気がした。あれこれ記憶をたどっているうちに、私は以前読んだ宇宙飛行士の体験談を思い出した。

私は、さっそく書棚から体験談が記載された本を取り出した。

1971年、アポロ14号の月着陸船に乗り込んだエドガー・ミッチェルの証言に次のような記述があった。

無数の星が暗黒の中で輝き、その中に我々の地球が浮かんでいた。地球は無限の宇宙の中では一つの斑点程度にしか見えなかった。しかしそれは美しすぎるほど美しい斑点だった。……（中略）……それは不思議な体験だった。宗教学でいう神秘体験とはこういうことかと思った。心理学でいうピーク体験だ。詩的に表現すれば、神の顔にこの手でふれたという感じだ。とにかく、瞬間的に真理を把握したという思いだった。……（中略）……すべては一体である。一体である全体は、完璧であり、秩序づけられており、調和しており、愛に満ちている。この全体の中で、人間は神と一体だ。自分は神と一体だ。自分は神の目論見《もくろみ》に参与している。宇宙は創造的進化の過程にある。この一瞬一瞬が宇宙の新しい創造なのだ。進化は創造の継続である。神の思惟が、そのプロセスを動かしていく。人間の意識はその神の思惟の一部としてある。その意味において、人間の一瞬一瞬の意識の動きが、宇宙を創造しつつあるといえる。こういうことが一瞬にしてわかり、私はたとえようもない幸福感に満たされた。それは至福の瞬間だった。神との一体感を味わっていた
（『宇宙からの帰還』中央公論社／立花隆著より）

以前この体験談を読んだときには、とても感銘を受けたが、なぜこのような体験が起きるのか、その理由までは理解できなかった。しかし、今日の和尚の話でこのような体験がなぜ起きるのかを私は理解した。

【三日目】

答えのない問いの答え

今朝は目覚まし時計の音で目が覚めた。

悟りの一瞥の話を聞いたためか、昨晩は、つい遅くまでいろんな体験談を読むことに夢中になってしまった。私は初日及び二日目の和尚の解説で、悟り体験の輪郭がおぼろげながら見え始めると同時に、新たな疑問が自分の中に生じてくるのを感じていた。

夜遅くまで体験談を読みながら、私は思いついた質問をメモに書き留めた。

「今日の質問はこの三点だ」。私は昨晩書き留めたメモ用紙を改めて読み返した。

（今日はどんな話が聞けるのだろう）。早くも期待が私の胸をよぎった。

メモをノートに挟み、いつもどおり取材の準備を整えると、私はお寺に向かった。

【三日目】


お寺の門をくぐると境内にお婆さんの姿があったので、私から声をかけた。

「おはようございます」

「ああ、瀬戸さんかね、和尚はじきに戻りますから、中に入って待っていてくださいな」

お婆さんはそう言うと、私をいつもの座敷に案内してくれた。


座敷で正座をして待っていると、ほどなく和尚が現れた。

「おはよう」。そう言って和尚は座敷に入ると、いつもどおり座布団にあぐらをかいた。

「おはようございます、今日もよろしくお願いします」。私は挨拶すると、さっそくカバンの中からメモを取り出した。

「今日もいろいろ質問があるのですが、よろしいですか？」。私は和尚の顔を覗き込んだ。

「ああ、どんな質問でもかまわんよ」

私は手に持ったメモを確認し、さっそく質問を切り出した。

「昨日、禅の修行に関して、現時点に意識を集中し思考を止めるというお話がありました。

では、公案とは何でしょう。考えない座禅とは正反対に難解な問いについてひたすら考えることなのではないでしょうか?」

「そのとおりだ」。和尚は即答した。

「え?」。あっけない答えに私は肩透かしを受けた感じだった。

驚いた様子の私を見ながら和尚は話し始めた。

「公案とは回答不能な問いを徹底的に考えるという行法だ」

「徹底的に考える、ですか?」。思わず私は聞き返した。

「そうだ」。そう言って和尚は解説を続けた。

「元来、公案は意図して答えのない問いとして作られる。そして、師は答えのない問いだとは言わずに、弟子に問いをぶつけるのだ。公案を投げかけられた弟子は、必死に答えを考えようとするが、いくら考えても、師匠からは合格をもらえない。そうこうしているうちに、弟子は考えることにへとへとになり、極限状態に追い込まれる。

そして、考えることが限界に達した瞬間、弟子は無思考の状態になり、悟りの体験をするのだ。この無思考状態こそ、公案が意図してる状況なのだ」

（なるほど極限状態での無思考か。でも公案の答えとしてはどう表現されるのだろう？）

私はそう思い、和尚にさらに解説をお願いした。

「具体的な例で解説してもらえるでしょうか？」

「いいだろう、例えばこんな公案だ。

『壺の中で育ったガチョウが壺から出られなくなってしまった。壺も壊したくないし、ガチョウも助けたい。ガチョウを壺から出すにはどうすればいいか』といったものだ」

「難しい問いですね」。そう言いつつ、私はどんな答えが待っているのか、和尚の答えに期待した。

和尚は続けた。

「弟子は必死に考えるが、師が満足する答えは見つからず、師からは連日叱咤される。弟子は何日も何日も考え、ついに疲れ果て考えることもできなくなる極限状態に追い込まれる。と、その瞬間、無思考の状態の中で自我の殻が開き、自己の意識が解放される。自己の意識（ガチョウ）が自我の殻（壺）から解放される瞬間だ。

悟りを体験した弟子は、驚きと感動をもって「ガチョウは壺の外にいます！」と師に報告する。そして、ようやく師は合格を出す。これが答えだ」

「ガチョウは壺の外にいます！　ですか」。予想外の答えに驚きつつも、私は和尚の説明の意味を理解した。

「考えることに疲れ果てた後の悟り体験を、問いに対する答えとして表現するのですね」

「そうだ。公案は無思考状態にするために一旦緊張状態を作り出す。そのような意図による問答なのだ。

　老子の言葉にもこういうのがあるだろう。『あるものを収縮させようと思えば、まず張りつめておかなければならない。弱めようと思えば、まず強めておかなければならない。衰えさせようと思えば、まず勢いよくさせておかなければならない』（『道徳経』第三十六章）。原理はこの言葉と同じだ」

（なるほど）。私は心の中でつぶやいた。

「たしかに『ガチョウを壺から出せ』という問いの答えが『ガチョウは壺の外にいます』では、言葉だけだとまったく意味不明ですよね。今のご説明で公案の意図がよく理解できました」

私は、謎が一つ解けた気分になった。

私の表情を見ながら、さらに和尚は次のように付け加えた。

「公案は体験をもって初めて問いと答えが結びつく。師はあくまでも弟子が体験をしたかどうかを、その答えから見極めるのだ。なので、仮に私が同じ公案をそなたに出し、『ガチョウは壺の外にいます』とそなたが答えても、合格は出さないかもしれない。単に知識として答えているかもしれないからだ。公案に模範解答など一切ないのはこのためだ」

「なるほど。禅師から合格をもらうのは簡単ではないのですね」。そう言って私は苦笑した。

私たちの失楽園物語

続けて私は、再び手に持ったメモを確認し、次の質問に移った。

「次のご質問です。昨日までのお話で、自我が私たちを悟り意識から遠ざけていることは分かりましたが、生まれたときには自我はありませんよね。幼子は誰しも悟りに近い状態にあるということでしょうか？」

「そうだ」。和尚はそう答えるとイエスの言葉を引用した。

「イエスも言っているだろう『心を入れかえて幼子のようにならなければ、天国に入ることはできないであろう』（『マタイによる福音書』18：3）と。ただし、幼子はそのことについて無自覚だ」

（やはりそうか）。予想していた答えだった。

「ではどうして、誰ひとり例外なく自我が形成され、悟りの意識から切り離されてしまうのでしょう」。私は、あらかじめ用意していた次の質問に移った。

「なぜ自我が形成されるのか。この話は、人間だけでなく生物そのものの生存原理に関わっている」

和尚はそう言い、解説を続けた。

「生き物には、生存と生殖の本能がある。例えば、食べ物が限られている状況では、他の生き物と争って食べ物を獲得しようとする。そうしなければ生き残れないからだ。また、一匹の雌をめぐって雄同士が争うことも動物界ではよくあることだ。

このように、生存と生殖という本能に従えば、生物の性質として自己中心的になるのは当然の結果であり、自我の形成は、生物として生き残るための一つの必要機能、本能といえる。

人間の場合で見てみよう。誕生時、私たちには意識を切り離す自我はないため、個人として分離した意識はない。しかし、一個の肉体とつながることで、生命体である個体を維持しようとする本能が働き出す。そうして、分離した意識を作り出す自我が自然に形成されていく。

赤ん坊が自己中心的なのは、生きていくために必要なことだからだ。さもなければ肉体を維持することはできない。ミルクやおもちゃ、親の愛情といったものに対する欲求の主体として、赤ん坊の自我は形成されてゆき、大人になる頃には自我は完全に形成される。

そして、欲望、執着の対象も、ミルクやおもちゃ、親の愛情といったものから、財産や地位、名声といったものに変わっていく。しかし、自我が持つ自己中心性自体に、赤ん坊も大人も大した違いはない」

「たしかに、自己中心的な人って子供っぽく感じますよね」。私は思わず微笑み、そして質問を続けた。

「ちなみに、経典ではこのことについて何か言及はされていますか？」

「分かりやすいのは十二因縁だろう。人間の苦が何によって生ずるかを因果関係から説明したものだが、知っているかね？」

名前は知っていたが、詳しくは覚えていなかった。私はあわててスマホを取り出し、検索し読み上げた。

「無明、行、識、名色、六処、触、受、愛、取、有、生、老死、ですね」

「そうだ。簡単に説明すると、母体に宿った命が身体、感覚器官を形成し、赤ん坊として誕生する。そして、いろんなものを見て、触れ、感じ、好き嫌いや、好きなものへの愛着から執着心が生まれ、所有欲、自己中心性といった苦の原因が生じ、苦しみながら生き、老いて死んでいく。そして再び生まれ、また同じ過程をたどる。このような輪廻の様子を表したものだ。

この一連の過程で自我形成上、重要になるのは「取」すなわち執着だ。なぜなら執着する主体として自我は形成されるからだ。逆に言えば、執着がない者は自我がなく悟りに至ることとなる。

仏教の解説書（論書）である「中論」の記述を引用しておこう。

『取（執着）があるとき取の主体に対して生存が生ずる。何となれば、もしも無取（無執着）であるならば、ひとは解脱し、生存は存在しないからである』（『中論』第二十六章第七詩）」

和尚の解説を聞いた私は感想を口にした。

「当然、執着心は本能的に生じますよね。執着しなければ赤ん坊は生きていけない訳ですから」

和尚は頷くと、説明を続けた。

「赤ん坊は真理について無知（無明）の状態で生まれ、誰しも本能的に自我形成という苦の原因におちいってしまう。これは避けがたいことだ。しかし、私たちは自覚しながら執着心を落とし無我になることができる。これが悟りであり解脱なのだ。だからこそ、イエスは天国に入るのは幼子ではなく、幼子のように心を入れかえた者だと言ったのだ」

イエスの言葉の流れで、和尚は聖書にある寓話についても触れた。

「自我形成の過程についての説明は聖書にもある」

「アダムとイブの楽園追放ですか？」。とっさに私は答えた。

「そうだ。聖書にはアダムとイブが食べてはいけないとされた善悪の知識の実を食べ、羞恥心が生じ、楽園から追放されるという話が記述されている。この話は、幼子が成長するに従い知識を得、自我意識が目覚めると同時に、悟り意識から切り離されることを寓話的に表現したとも解釈することができる」

「成長する上で、自我形成は避けてとおることのできない過程ということなんですね」。思わず感慨が口をついて出た。

「そうだ。幼子の頃は楽園にいることについて無自覚なまま、自然に自我が形成され楽園を追放される。しかし、自我が苦の原因であることを自覚し、悟りにより再度、楽園に入る。一旦、失ったものを得ることで楽園の意味を知るのだ。そうなれば、もう楽園を失うことはない」。そう言って和尚は話を締めくくった。

私は和尚の解説を感慨深く聴きながら（もしかしたら、私たちが悟りに惹かれるのは、幼児期の悟り体験が記憶のどこかに残っているからなのかもしれない）、そう心の中でつぶやいた。

修行のパラドックス

私は、ここまでの話をノートに記録すると、用意した最後の質問に移ることとした。

（この質問はきっと難問に違いない）。心の中で私はそうつぶやいた。

「今日最後に、悟りたいという欲求そのものについて質問させてください。

自我の欲望、執着がある間は、自我の殻が消えないため悟りに至ることはできないというこれまでのご説明でした。ここで疑問なのですが、悟りに至りたいという欲求もある意味、自我の欲望なのではないのでしょうか？」

どんな答えが返ってくるのか私は興味津々だった。

「そのとおりだ」

「え！」。和尚の答えに私は驚いた。

「まぎれもなく、悟りたいという欲望は自我の欲望だ。その欲望がある限り、悟りに至ることはできない」

「それって、自己矛盾ではありませんか？」。間髪入れず私は聞き返した。

「そう、パラドックスだ。修行の最終段階で、最後に待ち構えるのがこのパラドックスだ」。そう言うと和尚は続けた。

「もちろん悟りたいという欲望を持つこと自体は有益だ。この悟りたいという欲望がなければ修行自体が行われなくなり、そもそも悟りに至ることはできない。この悟りへの欲望によってこそ、他の無益な欲望、執着を落としていくことができるのだ。悟りへの欲望は自分に刺さった無数の欲望の針を抜くための一本の針のようなものだ」

「自我が自ら欲望まみれの身を清めていくような感じですか」

「そのとおりだ」。そう答え、和尚は続けた。

「そして、最後の最後、悟りたいという欲望による自我だけが残り、誰しも、どんなに努力を続けても悟りに至ることができないというパラドックスにおちいる」

「もしかして、仏陀もそうだったのですか？」。私はとっさに尋ねた。

「そのとおり。仏陀は悟りたいという願望を持っていた。そして仏陀は六年間ありとあらゆる努力を積み重ね、苦行等、考え得るすべての修行を実行した。しかし、どうしても悟りに至ることはできなかった。

そして、衰弱しきった仏陀は苦行等によって悟りを得ることをあきらめた。

仏陀はひとり菩提樹のもとに座し、人生の苦の原因について深く内観を行った。その結果、苦の原因が生・老・病・死といった客観的事象にあるのではなく、それに対する自分自身の心のありよう、すなわち欲望、執着こそが苦を生み出す原因であることを理解した。

そして、仏陀は苦しかった六年間を思い返し、悟りを得たいという自身の願望も、対象が異なるだけで同じ欲望、執着であることに変わりがないと気付いたのだ。仏陀は、欲望、執着こそが苦の原因であり、自らも悟りに対する欲望、執着により苦しんでいることを理解した。

もはや仏陀は悟りを得たいという欲望すら持つことをしなくなった。

折しも、夜明けの星が消えようとしており、あらゆる欲望を手放した仏陀はその消えゆく星をただ静かに見つめていた。と、その瞬間、悟りに対する欲望によって残っていた最後の自我の殻が消え、自然と意識の融合、悟りが起こったのだ」

「自然と悟りが……。そうだったのですか」

私は感慨深く和尚の話を聞いていた。

和尚は解説を続けた。

「このような例は多々ある。例えば修行を重ねてもどうしても悟りに至ることができなかった僧侶が、失意のうちに修行をあきらめ、その後、何年も何の欲望も持たずただ無心に生活していると、ある日突然、何かの音を聞いて悟るといったようなケースだ」

「なるほど」

「もう一度、先日そなたが質問した達磨の言葉『悟らないでいるときは人のほうが真理に迫っていこうとするが、悟るときは真理のほうが人に迫ってくる』について見てみよう。

前半の句において『悟らないでいるとき』の状態として『人のほうが真理に迫っていこうとする』と表現されているのは、まさに、自分から悟りを得ようとする欲求自体が悟りを妨げるためだ。

そして後半の句において、『悟るとき』には真理に迫ろうという自我の欲求がなくなることで自我の殻が消え、逆に『真理のほうが人に迫ってくる』、すなわち存在全体の意識が自然と自己に流れ込んでくると言っている訳だ」。そう言って和尚は話を締めくくった。最後の質問も予想外の答えだった。しかし、和尚の説明に矛盾はなかった。

私はノートに記録を取りながら、ここまでの話を思い返し、改めて簡潔な達磨の言葉に込められた意味、そして悟りに至るということの奥深さを感じていた。

ひととおり記録を取り終えると、私は和尚にお礼を言った。

「今日もありがとうございました。おかげで疑問がいくつも解消され、悟り体験への理解がさらに深まりました」

和尚は黙って頷いた。

その後、私はまた明日も訪問させていただきたい旨の意向を伝え、お寺を後にした。

こうして三日目の訪問も終わった。

あらかじめ用意した質問はすべて聞くことができた。和尚の話は、今日も予想を上回る内容だった。

私は自宅に戻り、いつものようにパソコンに向かい入力作業に取りかかった。私は、まず自分の頭の中を整理しようと、今日の話を振り返った。

（幼子の頃は誰しも悟りに近い状態にいるが、そのことに無自覚で、成長とともに自我が形成され悟り意識から切り離されてゆく。悟りとは、自覚しながら自我の殻を薄くしてゆき、最後はその努力さえ手放し、存在全体の意識と一体となるということか）。私はそう自答した。すると、ふと、老子の言葉にも同じようなものがあったことを思い出した。

私は『道徳経』を手に取り、老子の言葉を読み返した。

『学問をするときには、日ごとに増してゆく。タオを行うときには、日ごとに減らしてゆく。減らした上にまた減らしていって、最後に何もしないことにゆきつく。この何もしないことによってこそ、すべてのことがなされるのだ』（『道徳経』第四十八章）

（もしかすると、老子も同じことを語っていたのかもしれない）。私は老子の言葉を読みながらそうつぶやいた。

しばらくして入力作業を終わらせた私は、休憩がてらある曲を聴くこととした。

今日、二つ目の質問の話を聞いている最中に、大好きなこの曲を思い出したのだ。

（小さい頃は神様が身近にいることを歌ったこの曲、今日の話にぴったりだ）。そう思いながら私は曲をかけ、ひとり歌詞を口ずさんだ。

【四日目】

破戒僧、一休

今日は一休宗純について和尚に聞いてみることとした。

一休宗純のとても僧侶とは思えない言動について、和尚はどう見ているのか、そもそも一休は悟っていたのか、ぜひこの機会に和尚に聞いてみたいと思ったからだ。一休には、様々な逸話や本人の詩も多く残っており、知れば知るほど、その破天荒で痛快な言動に惹かれるとともに、悟った状態との関係について興味が湧いてくるのだった。

一休が悟っていたのであれば、逆にその破天荒な言動を読み解くことで悟りの本質がつかめるのではないか、私はそう考えていた。

私はいつもどおり取材の準備を整えると、お寺に向かった。

お寺の門をくぐると、境内を掃除していたお婆さんが私を見つけ、その場から建物の中にいる和尚に伝えた。

「瀬戸さんがお見えですよ！」。お婆さんはそう言うと、箒を置き、私を座敷に案内してくれた。

今日はいつもより少し早くお寺に着いてしまったが、私が座敷に上がると、すでに和尚はくつろいでいる様子だった。

「和尚おはようございます。少し早く着いてしまいましたが大丈夫ですか？」

「ああ、かまわんよ」。和尚は答えた。

私は、いつものように和尚の前で正座をすると、さっそく質問を切り出した。

「今日は一休宗純についてお聞きしたいと思っております」

「一休か。どんなことが聞きたいのかな」。和尚は言った。

私は思い切って、最初に疑問の核心部分について質問をすることにした。もし答えが否であれば、今日の取材はここで終わりだ。

「一休宗純は型破りの破戒僧として知られていますが、禅僧として悟っていたのでしょうか？」。私は固唾を飲んで和尚の答えを待った。

「もちろん悟っていた。一休の言動から明らかだ」。和尚は躊躇なく答えた。

和尚の答えに私は内心ほっとした。しかし、一休の型破りな言動と悟りとはどう結びつくのだろうか。私は質問を続けた。

「具体的にどんな言動からでしょうか」

「そうだな」。そう言って和尚は少し思案すると、次のように言った。

「例えば、一休は『悟ってみれば、仏も下駄も同じ木の片である』と言ったと伝えられている。はたして一休はどういう意味でこの言葉を言ったのか、そなたは分かるかね」。そう言って和尚は私を見た。

私はとっさに意味を考えようとしたが、なかなかいい答えが見つけられない。答えに詰まった私は、とりあえず感想を言葉にした。

「誰しもが拝む仏像を下駄と同じだなんて、僧侶とは思えない型破りな言葉ですよね。でも、意味はちょっと……」

答えに窮した私を見て、微笑みながら和尚は説明を始めた。

「この言葉は、いくつかの解釈が可能だ。

まず、一つ目の解釈だ。仏教を信じる人にとって仏像はありがたいもの、何か仏の魂のようなものが宿っていると思っているだろう。一方、仏教を信じない人からすれば、仏像はありがたくもなんともない木で作った像だ。下駄と変わらん。

したがって、ありがたいという思いは、拝む人の心の中にあるということになる。どう思うかね」。そう言って再び和尚は私に意見を求めた。

「たしかに思い込みの有無で見えるものは違ってきますよね。人でも肩書を聞かされると、急に偉く見えたりしますし」

私の答えを聞き終わると、和尚は話を続けた。

「そうだ。別の言い方をすれば、私たちは誰しも自分で作った心のフィルターで対象物を見ているということだ。一休の言葉は、仏像も下駄も心のフィルターが取れた、曇りのない裸眼で見ることができた、ということを意味するというのが一つ目の解釈だ」

「なるほど」。私は頷いた。

和尚は続けた。

「次に二つ目の解釈を見てみよう」

和尚はそう言うと、おもむろに自身のこぶしを私の目の前に突き出した。

「これは何だ？」

「こぶしです」。目の前に出されたこぶしに戸惑いつつ私は答えた。

すると和尚は、今度はこぶしの指をゆっくり開き、そして私に聞いた。

「こぶしはどこに行った？」

「えっ？　こぶしはなくなってしまいました」。私がそう答えると、和尚は再び、指を握りこぶしを作った。

「これはこぶしだな、どこから現れた？」。そう言って和尚は笑った。

「うーん」。私は答えに窮した。

和尚はさらに、たたみかけるように質問をしてきた。

「そもそも〝こぶし〟という存在に実体はあったのかな？」

私はしばらく考えた後、次のように答えた。

「こぶしは、単に指が握られた状態に仮に名前を付けているだけで、こぶしという独立した存在があった訳ではありません」

和尚は私の答えに満足した様子で言った。

「そのとおり。私たちは、ある状態に対して仮に名前を付けているにすぎず、その名前が示すものは存在しているようで実は存在していない」

「たしかに」。（言われてみればそうだな）。私は同意する他なかった。

「では、今度は仏像で見てみよう。仏像を頭、手、胴体、足などにバラバラにしたと想像してみなさい。それぞれの部分は仏像と呼べるだろうか？」

私は頭の中でバラバラになった仏像を想像しながら答えた。

「いえ、どれも仏像とは言えません」

「バラバラにすると仏像はどこかに消えてしまう。しかし、各部分をつなぎ合わせると、また仏像が出現する」。和尚は言った。

「あ、はい」

「ということは、仏像自体は幻のようなものであり、もともと実体がないといえる。同じことは、下駄にも言え、下駄もバラバラにすれば下駄は消えてなくなる。しかし、組み立てると下駄が出現する」

黙って話を聞いている私を見つつ、和尚は続けた。

「仏像も下駄も、実際に存在しているのは〝木〟という材質だけだということもできる。一休はこのような理解を言葉にした、これが二つ目の解釈だ」

「なるほど」。私は和尚の説明に感心した。

私が納得している様子を見て、和尚は再び話し始めた。

「次に三つ目の解釈だ。これまで述べてきたとおり、悟ることで自己の意識は存在全体の意識と一体となる。下駄であれ仏像であれ、等しく広大な存在全体の意識、すなわち仏性を有していることを目の当たりにするのだ。

そのような意識状態に至れば、物質面での色や形など大して重要ではなくなる。どちらも仏性を有する貴い存在であり、単に色や形だけが異なっているにすぎない。悟り後はもはや物質層の色や形などに惑わされることはなくなる。物質層など、存在自体が等しく有している意識層、仏性に比べれば二の次、三の次だ。一休はこのような悟り後の認識の変化について、その感慨を言葉にした、というのが三つ目の解釈だ」

そう言って和尚は一旦説明を終わらせた。

「いろんな解釈が可能なんですね。でも、一つ目と二つ目の解釈は、悟りの体験がない私でも、なんとなく理解できる気がします」。私は率直に感想を述べた。

「そうだ、いいところに気がついた」。そう言って和尚は微笑んだ。

「もう一度、一休の言葉を思い出してみよう。一休の言葉には『悟ってみれば』という前提がついているだろう」。そう言うと和尚は私の顔を覗き込んだ。

私は和尚に指摘され、ようやく和尚の意図を理解した。

「なるほど！　ということはやはり、悟りによって到達できる三つ目の解釈としてこの言葉を語っていたということですか！」。思わず声が大きくなってしまった。

驚く私を見ながら和尚は続けた。

「そうだ。自己の意識が存在全体の意識すなわち仏性と一体になれば、見るものすべてが無限に拡大した自己の意識の中にあるようになる。なので、仏像も下駄もどちらも等しく仏性を有する木の片だということだ。仏像が尊くて、下駄が卑しいなどという感覚は消える。どちらも自分の一部なのだから。

また、一休は次のような言葉も残している。

『自心すなわち仏たることを悟れば、阿弥陀願うに及ばず。自心の外に浄土なし』

まさに、自心、すなわち悟り後の自己の意識の外に浄土などない訳だ。悟り後は、目の前に広がる世界そのものが浄土となるのだ。この言葉からも、一休の悟りの境地は疑いようのないものであることが分かる」

「なるほど」。私は和尚の解説に感心するとともに、さらに一休に関する逸話がないか尋ねた。

「他には何か一休宗純が悟っていたことを裏付ける逸話などありませんか？」

私はできる限り一休の言動について解説を聞いておきたかった。

「たくさんある。一休は遊女屋にもよく通っており、そのことについて聞かれた際に、悟っているのでどこにいても同じことだと言い放っていた。これもまったく同じ理由だ。

悟ってしまえば、物質上の姿かたちなど重要ではなくなる。卑賤なども関係ない。物質上どんな卑しい場所や人、物であっても、すべては広大な意識を共有しており、その悟り意識、仏性の面では、平等に存在しているからだ。したがって、この逸話からも一休が悟っていたことは明らかだ」

和尚の言葉からは、破天荒な言動こそ、一休が悟っていた証だと言っているように感じられた。

一休が悟っていたという和尚の答えに、私は正直ほっとしていた。

というのも、これから作成するレポートでは、一休宗純が悟っていることを前提に一休の様々な言動と悟りとの関係について執筆を進めるつもりだったからだ。ただ、破天荒な一休の行動には気になる点もあった。

「なるほど。でも、遊女屋にかよっていたということですが、僧侶は禁欲生活を送るものというイメージがありますよね」。私は思い切って気になっていた点について尋ねてみた。

「それは、悟るまでの間のことだ」。和尚はきっぱりと答え、そして続けた。

「悟るためには修行者は自我の殻を内側から開くために、自身のエネルギーを内面の意識に集中する必要がある。このため、外側の欲望の対象にエネルギーが漏れることを防がなければならない。
　しかし、自我の殻が消える悟りの状態に至れば、エネルギーを内面の意識に集中する必要がなくなる（そもそも意識に内側も外側もなくなる）だけでなく、広大な意識からもたらされる無限のエネルギーとつながるようになるため、禁欲などまったく必要なくなるのだ」

（無限のエネルギー？　新たな観点が現れた）。私は内心驚きつつ、和尚に尋ねた。

「悟ると無限のエネルギーにつながるのですか？」

　私の質問に和尚は次のように言った。

「そうだ。自我という殻は、私たちを存在全体の意識から隔離するだけでなく、存在全体の意識からもたらされる無限のエネルギーからも、私たちを隔離するバリアになっているのだ。そのバリアがなくなればエネルギーに枯渇することもなくなり、禁欲の必要もなくなる。悟りにより、私たちは意識とエネルギーの両面で自由になるのだ」。和尚はそう説明すると、新たな観点に戸惑う私を見ながら言った。

「まあ、この点については、後日、改めて話をしよう」

（やはり悟りの状態はまだ謎が多いな）。そう心の中でつぶやきつつ、私はとりあえず和尚の説明内容を再確認した。

「禁欲生活すら不要だということも、一休が悟っていた証なのですね」

「そういうことだ」

「ということは一休はあえて、そのことを示すために破戒僧として振舞っていたということでしょうか？」。私はさらに尋ねた。

「まあ、本人の性格にもよるところが大きいが、そういう意図もあっただろう。

悟りの本質が忘れられる中で、本当の悟りの状態とはいかなるものか、彼なりに身をもって体現しようとしていたということだ。悟った者にとっては、もはや儀式や修行、経典、戒律も一切必要なく、座禅すら用済みだからだ。

例えば、一休は比叡山に登った際、延暦寺の僧侶に次のように言ったと伝えられている。『叡山には紙に書いたお経しかないようだな、この一休の身体は飯も食えば話もする。法も説けば何でもする生きた一切経だ。紙に書いた一切経と、生きて働く一切経と、どちらが役に立つと思うか。貴僧たちは、紙に書いた一切経を目で読むことは知っていても、心の中にある一切経を、身体で読んで働かすということを知らないのか』

また、一休自身のこんな詩も残っている。

『風にいかれた酔っ払いの一休が、歩き回って狂嵐を巻きちらし、遊女屋や居酒屋をうろついている。誰か真の眼を持った修行僧で私の相手になってやろうという者はいないか。狂嵐が相手ゆえ東西南北あてもなく、めった打ちにするだけのことだ』

ちなみに師匠の華《か》叟《そう》宗曇《そうどん》は、同門の僧侶から後継者は誰かと聞かれた際に『風変わりで、気違いじみているが、一休宗純こそ私の後継者だ』と語っていた」

私は和尚の話を聞き、改めて豪快な一休の言葉に感銘を受けるとともに、以前書物で読んだ一休についての解説で気になっていた点についても、この際、和尚に聞いてみることとした。

「なるほど、さすが豪快ですよね。でも一休に関する書物を読んでいると、一休は悟った後も自らの煩悩に悩んでいたというような解説もあるのですが」。私は率直に尋ねてみた。

私の質問に、和尚は大きく首を横に振って言った。

「いやいや、そんなことではまったくない。エネルギーが自由になる悟りの境地では、遊女屋に通おうが居酒屋で酒を飲もうが、そんなことでは悟りの境地は一切揺るがないからだ。煩悩に思い悩むことなどあり得ない、むしろその逆だ」

「逆？ですか」。私は思わず身を乗り出した。

「そうだ。一休は悟った後、何より生きるということを最大限楽しんでいたということだ。詩、狂歌、書画を楽しみ、酒を飲み肉を食べ、遊女屋、茶屋に通い、スズメと遊んだりと、一休のこれらの行動に何のためらいも感じられないのはそのためだ。

死に際に『死にとうない』と一休が言ったことはそなたも知っているだろう。人生というのは、悟った後はじめて真に楽しむことができるようになる。おそらく一休は、まだまだこの世で遊んでいたかったに違いない」。そう言うと和尚は微笑んだ。

「えっ！」。予想外の答えに私は絶句した。

絶句する私を見ながら和尚は付け加えた。

「むろん、禁欲も不要になり、人生を楽しめるようになるのは、あくまでも悟り後の話なので、悟り以前の修行段階では真似すべきことではない。この点については、一休自身、弟子たちが勘違いをして一休の真似をすることを懸念する詩も残している。

そういう点では、一休は修行中の者にとって良い手本ではなかった。しかし、一休は模範的な禅師であることよりも、人生を楽しみながら煩悩に身をゆだね、それでいて自身の悟りの境地は揺るぎないものであるということを示すほうを選んだ。

まさに生きた一切経として真の悟りとはいかなるものかを身をもって示しながら、一見、破天荒ともとれる言動によって真理を表現していたのだ。そして、それが一休流の禅だったのだ。

「そういうことだったのですか……」。私は唖然としながら感慨を口にし、改めて一休の言動の理解には、悟りの境地からの理解が不可欠だと実感した。

また私は、一休の残した最後の詩に次のような言葉があったことを思い出した。

『この世界で、誰が本当に我が禅を理解するものがあろうか』

（たしかに、こんな破天荒な言動により表現された禅なんて誰が理解できるだろう。でも一休も本心では、自身の禅を理解し、真理を知って欲しいと思っていたのではないだろうか）。私は物言いたげな表情の肖像画の一休を思い浮かべながら、そんな気持ちになっていた。

その後、私はノートに記録を取り終わると、ふと和尚に質問をしてみた。

「和尚さんは、人生を楽しんでいますか？」

「もちろんだ」

和尚のその言葉を聞き、私はすかさず切り返した。

「だから和尚も、お坊さんらしくないし、大福好きで、ご本尊の仏像も埃だらけなんですね。安心しました」

「ハハハ」。私の言葉に和尚は大笑いした。

ちょうどそのとき、座敷の横をとおりかかったお婆さんが私の話を聞いていたのか、和尚に言った。

「ほら、和尚さん、言わんこっちゃない。たまにはご本尊の掃除もなされたらいかがですか？」

すると和尚は膝を叩きながら「仏像の掃除も面倒だから、いっそ代わりに下駄でも置いておくか！」と冗談っぽく言った。

お婆さんはこの言葉に呆れ、その場でため息をついた。

こうして、四日目の和尚への取材も終わった。

破天荒な一休宗純の言動についての和尚の解説は予想以上のものだった。

私は今日の取材で悟りの状態に対する認識がさらに深まると同時に、悟りに対する印象が自分の中で変化しつつあるのを感じていた。

「一休について詳しい話が聞けて良かった。でも、予想外の話ばかりで上手くレポートにまとめられるだろうか」。私はひとり苦笑しながら駅に向かって歩いていた。

その後、私は自宅に戻ると、いつものようにパソコンに向かった。

ひととおり入力作業を終えた私は、改めて今日の話を振り返り自問自答した。

（今日の和尚の解説により、一休の型破りで破天荒な言動は一休流の禅であり、その意味についてもどうにか理解することができた。でも一休は生前、自らの禅を理解する者はいないと言っていた。だとしたら、当時から禅僧として一休がこれほどまでに高名だった理由は何だったのだろう。

和尚の話では、悟り後はエネルギーも自由になり、人生も楽しめるようになるということだった。もしかしたら、僧侶でありながら何のためらいもなく人生を楽しんでいる姿こそが、一休が悟りの境地にいる証であり、人々もそのことを感じ取っていたのかもしれない。

一休にとってはすべてが平等であり、世俗において何一つ分け隔てすることはなかっただろう。そして、気のおもむくままに煩悩に身をゆだねる一休は、それでいて世俗を超越した僧侶として人々の目に映っていたに違いない。だからこそ活き仏として世に知られていたのだ。

もし、並みの僧侶が同じような真似をしても、執着やためらいが感じられ、きっと世間からは軽蔑されるだけだろう。

しかし、一休なら、たとえ軽蔑されても気にもとめなかったに違いない。そもそも煩悩に思い悩む心［自我］など超越した境地に達していたのだから）

こう心の中でつぶやくと、私は気のせいか、少し一休宗純の実像に近づけたような気持ちになった。

（とりあえず、明日は、今日聞けなかった悟りとエネルギーの関係について詳しく聞いてみよう）。私はそうつぶやき、その日の作業を終えた。

【五日目】

エネルギーが自由になるということ

今日は予定どおり、悟りとエネルギーの関係について和尚に聞くこととした。

昨日、和尚から一休宗純の破天荒な言動についての解説を聞き、私は悟り体験を解明する残された鍵がこの点にある気がしていたからだ。今日、和尚からこの点についての解説が聞ければ、疑問点はほぼ解消され、レポートの作成に着手できるように思われた。(もしかすると、今日が取材の最終日になるかもしれない。忘れず駅前で大福を買っておこう)。そうつぶやき、私はお寺に向かった。

お寺に着き、私は座敷に上がると、いつもどおり和尚の前で正座をした。

「おはようございます。今日もよろしくお願いします」

挨拶を済ませると、私はさっそく昨日の話に出た存在全体のエネルギーについての解説をお願いした。

「昨日の一休宗純のお話の中で、悟り後は存在全体の無限のエネルギーとつながるという話がありました。今日はこの点について詳しくお聞かせいただけないでしょうか。できれば、無限のエネルギーとつながっている状態と、そうでない状態ではどのような違いがあるのかについて具体的にお聞きしたいです」

「そういう約束だったな」。和尚も覚えていたようだった。和尚は続けた。

「まず、エネルギー状態の違いについて具体的な話をする前に、理解すべき前提の話をしておこう。私たちを含めたすべての存在は、大まかにいって、物質、エネルギー、意識の三層から成り立っている。そして、私たちはこれら三層のいずれも、個人ごとに孤立した状態にある」

「はい、そうですね」。私は自分に当てはめ同意した。私の体、私のエネルギー、私の意識、どれも私自身で完結しているものばかりだ。

和尚は続けた。

「しかしながら、悟り後は自我の殻が消えるため、エネルギー層と意識層の双方において、存在全体を満たす無限のエネルギー及び意識との融合が起き、個人として孤立した状態は消え去るのだ」

（自我はエネルギーの面でも私たちを閉じ込めているということか）。心の中でつぶやくと、私は改めて、私たちを存在全体から孤立させる自我の機能に驚いた。

「自我の殻は意識とエネルギーの両方で、自己を存在全体から切り離すバリアになっているということなのですね」

和尚は頷き、解説を続けた。

「そのとおり。このため悟り後は、先日話した意識の融合による認識の変化に加え、エネルギーにも大きな変化が起きるのだ」

「どのような変化が起きるのでしょう？」。私は尋ねた。

「悟りによるエネルギーの変化を理解するために、幼子を例にエネルギー状態の違いを見ていこう。先日話したように幼子は自我がなく、エネルギー的にも、ほぼ悟りと同じ状態にあるからだ。

この点については、老子の言葉が分かりやすい。

『徳』を豊かに持つ人は、生まれたばかりの赤子に比べられる。蜂やまむしも食いつくことはなく、猛獣もつかみかかることはなく、猛禽もとびつくことはない。骨は弱く筋肉は柔らかだが、しっかり握りしめる。男女の交合をまだ知らないのに、体は完全に作られている。精（生命力）が最高だからである。一日じゅう泣き叫んでも声はかれない。和の気が最高だからである。この和の気を知ることが『永久であるもの』との一致と呼ばれ、『永久であるもの』を知ることが『明察』呼ばれる（『道徳経』第五十五章）

老子のこの言葉からは、『徳』を豊かに持つ人、すなわち自我がない状態の者は赤子と同じように『永久であるもの』と一体化しており、生命力であるエネルギーが最高の状態にあるということが分かるだろう。自我がなければ、そもそもエネルギーは自己と存在全体との間を自由に行き来することとなるのだ。

一方、自我の殻に閉ざされている間は、エネルギー不足や、逆に余ったエネルギーを持て余すため、日々、自分の内側のエネルギーのコントロールに悩まされることとなる」

赤子のたとえは理解しやすかった。私はさらに具体的な例示を求めて質問をした。

「では、自我の殻に閉ざされている私たち大人がエネルギーのコントロールに悩まされることについて、具体的な例を挙げてもらえますでしょうか？」

「いいだろう。分かりやすい例は、怒りのエネルギーだ。〝堪忍袋の緒が切れる〟という言葉があるだろう。これはどういう状態かな？」

「自分の中に怒りのエネルギーが溜まって、抑えきれなくなって爆発することです」

「そうだ。これは、自我の殻によって自己の中にエネルギーが溜め込まれてしまうために起きることだ。自我の殻の中にこれ以上怒りのエネルギーを溜め込めなくなったとき、そのエネルギーは外側に怒りとなって爆発する。

一方、悟りの状態では、自我の殻が消えているため、余ったエネルギーは自然と存在全体のエネルギー層に解放されていく。怒りを溜め込むことなど一切なくなるのだ」

「怒りが溜まることがなくなるのですか？」。私は半信半疑だった。

「そうだ。この怒りのエネルギーの解放がどういうものかを理解しやすくするために、一つ面白い例を挙げよう。それは笑いについてだ」

「笑い、ですか？」

「そうだ。というのも笑いは、一時的に自我の殻を開くためだ」

「そんな簡単なことで開くのですか？」。私は驚いた。「でも、たしかに笑っている間は気持ちいいですよね」

私の言葉を聞き終えると、和尚は解説を始めた。

「例えば、こんなケースを思い浮かべてみよう。

夫婦げんかをしているところに、子供がやってきて何か可笑しなことを言ったとしよう。そして、夫婦がその言葉に思わず笑ってしまったとする。一旦笑ってしまうと、その後、もう怒ろうと思っても怒れなくなってしまうのだ」

和尚の話には思い当たる節があった。

「たしかに、そういうことってありますよね。頭の上から怒りが抜けてしまうような感覚」

「そう、頭の上からな」。そう言って和尚は微笑んだ。

（頭の上に何か意味があるのだろうか？）。そういう思いが頭をよぎったが、とりあえず口には出さず和尚の説明を聞くこととした。

　和尚は続けた。

「怒り続けるためには、自我の殻が閉じ、怒りのエネルギーが自我の中に溜め込まれる必要があるのだが、一旦笑い出すと、自我の殻が開き、怒りのエネルギーが解放され、もう怒れなくなってしまうのだ。エネルギーが解放されるとはこのようなことだ」

「なるほど」。この例示は実感が湧く内容だった。

　和尚はさらに解説を続けた。

「また、エネルギーの補充という点についても話をしておこう。私たちは、通常エネルギーが枯渇すると睡眠によってエネルギーを補充している。たとえごく短時間でもきわめて深い睡眠状態に入ることさえできれば必要なエネルギーを補充することが可能だ」

　この話も分かりやすかった。

「たしかに、睡眠は量より質だと言われますよね」。私は相槌を打った。

「そうだ。実は、私たちは誰しも深い睡眠状態では無意識ではあるが悟りに近い状態にある。深い睡眠状態では思考活動がほぼ停止するため自我の殻が消え、存在全体のエネルギー層からエネルギーの補充がなされているのだ」

「朝目が覚めると、すがすがしいのはこのためですか？」。私は思わず聞き返した。

「そうだ。深い睡眠状態では自我の殻が一旦消えた状態になる。目覚めた瞬間は、まだ自我の殻が完全に復元されていないため、すがすがしい気分を感じるのだ」

（なるほど）。私は心の中で頷くとともに、悟り後のエネルギー状態について想像をめぐらせた。

「ということは、悟りに近い状態では、睡眠中でなくとも絶えず存在全体のエネルギー層とつながった状態にあるということなのですか」

「そうだ。老子が言うように、赤子が一日中泣き叫んでも声がかれることがないのはそのためだ。子供はみな元気いっぱいだろう？」

（たしかに。幼稚園の先生をしている友達も、いつも子供たちから元気をもらっていると言っていたな）。私は心の中でそうつぶやくと、さらに大人と子供の違いという観点からの質問を思いついた。

「このことは、逆に私たち大人が精神的に疲れたり、虚無感に襲われることと何か関係があるのでしょうか」

和尚は頷くと解説を続けた。

「精神的に疲れたり、虚無感に襲われるのは、単に内面のエネルギーが枯渇しているということだ。悟り前は自我の殻があるため、十分なエネルギーの補充がなされず、内面が空っぽに感じられるのだ。

一方、悟り後は、そのような内面の空虚さは一切消える。孤独感も一切感じることはない。悟り後は存在全体の意識と一体となり、孤立した個としての意識が消えるとともに、存在全体から無限のエネルギーが絶えず補充されるからだ。悟り後は、エネルギーに不足を感じることもないし、行き場のないエネルギーを持て余すこともなくなる。動くのも動かないのも自由自在だ」

「なるほど、悟り後は意識が自由になるだけでなく、エネルギーにも満たされ、怒りや虚無感といったネガティブな感情からも解放されるのですね」。私は感慨深く感想を述べた。

和尚はさらに解説を続けた。

「もう一度、初日に話した玄沙の言葉を思い出してみよう。

『われらは大海の中で、頭も肩も水に浸っているようなものである。しかもなお、われわれは、さも悲しげに、水を求めて両手を差しのべているのだ』。この言葉の解説で、水は意識だと話をしたが、エネルギー面でも同じことが言えるのだ」

「なるほど、そういうことなのですね。この言葉の意味がよく分かりました」。私は改めて玄沙の言葉の意味をかみしめた。


和尚はさらに、老子の言葉の意味についても解説を加えた。

「存在全体の意識、すなわちタオからもたらされる無限のエネルギーについて、老子はこうも言っている。

『タオはむなしい容器であるが、いくら汲み出しても、改めていっぱいにする必要はない。それは底がなくて、万物の祖先のようだ。（中略）つねにふかぶかと水をたたえた深い池

のようだ』(『道徳経』第四章)

『谷の神は決して死なない。それは神秘な牝《ひん》と名づけられる。神秘な牝の入り口、そこが天と地の動きの根源である。それはほそぼそと続いて、いつまでも残り、そこから好きなだけ汲み出しても、決して尽きはてることがない』(『道徳経』第六章)」

和尚の説明を聞き、私は改めて老子が、様々なたとえで存在全体の意識と無限のエネルギーについて説明しようとしていたことを理解した。

悟った者の見分け方

ここまでの説明を聞いた私は、ふと、悟りに至る十の段階を図と詩で表現した禅の十牛図を思い浮かべた。そこに描かれている僧侶が気になったためだ。

私は和尚に尋ねた。

「禅の十牛図の最後の第十図には大きな袋を背負った太鼓腹の僧侶が描かれていますよね、この姿はエネルギー的に満たされている状態を表しているのでしょうか」

「そうだ。布袋和尚は唐代の実在の僧だが、禅では悟り後の姿を表す僧としてよく絵に描かれてきた」

布袋和尚の名を聞き、私は江戸時代の禅師、白隠《はくいん》慧鶴《えかく》が描いた布袋さんの絵を思い浮かべた。

「ということは、禅僧は悟るとみんな、あんなぐうたらな感じのお坊さんになるのですか？」。私は半分冗談ぽく聞いてみた。

和尚は笑いながら次のように答えた。

「たしかに、エネルギーが自由になると姿勢は一切関係はなくなる。

本来、悟り以前の修行段階においては姿勢は重要だ。なぜなら、意識は肉体内に限られているので、エネルギーのとおり道として体を真っ直ぐに保つ必要があったり、絶えず意識的に気を張っている必要があるからだ。

しかし、悟り後は意識は肉体の境界を越えて広がっているし、エネルギーも自由に流れるようになる。そうなってしまえば、もはや肉体がどんな姿勢をしているかなど一切関係はなくなるのだ」

エネルギーの変化が姿勢にまで影響するという説明を聞き、思わず私は和尚自身に話を振った。

「だから、和尚はいつもごろごろしているんですね。お会いするまでは、お坊さんはいつも背筋を伸ばしてシャキッとしているイメージを持っていました」

「そうだな」。和尚は笑いながら次のように付け加えた。

「まあ、悟った後の行動はその人の性格にもよる。悟った後も弟子たちの手本となるべく自ら戒律をきっちり守り続ける人もいるからな」

（悟った人を見分けるのはやはり難しそうだな。でも、この際だからこの点についても聞いてみよう）。私はそう心の中でつぶやき、悟った者の判別方法について和尚に尋ねてみた。

「ちなみに、師匠は弟子が悟りの状態に至ったことをどうやって判別するのでしょう？」

（何か見分ける方法があるなら是非知りたい）。私は具体的な答えを期待した。

「決まった方法はない」。和尚はあっさりそう言うと、話を続けた。

「あくまでも、師は弟子が存在全体の意識と一体化し、自己と他者の区別が消えたことをその言動から確認するのだ。臨済《りんざい》義玄《ぎげん》の例が分かりやすいが、ネットで調べられるかな？」

「はい」。私は、カバンからスマホを取り出し検索した。臨済義玄は唐代の禅僧で臨済宗の開祖だった。

「あ、ありました」。私は臨済義玄が大愚《たいぐ》和尚のもとで悟りを開いた際の両者のやりとりを読み上げた。

大悟した臨済は大愚に向かって「なんだ、黄檗《おうばく》の仏法といってもこんな分かりきったことなのか」とうそぶいた。すぐに大愚は臨済を引っつかんで「この寝小便たれ小僧め！　たった今、落ち度があったのでしょうか、などと泣きごとを言ったくせに、こんどは黄檗の仏法は端的だなどと言う。いったい何が分かったのだ。さあ言ってみろ！　さあ言ってみろ！」と問うた。すると臨済は大愚の脇腹を三発ばかり拳で殴り、本物だと分かった大愚は掴んだ手を突き放し、「そなたの師は黄檗和尚だ。わしの知ったことではない。帰れ！　帰れ！」と言った。（ウィキペディア）

私が読み上げ終わると、和尚は解説を始めた。

「この一連のやり取りで重要なのは、臨済が大愚和尚を殴ることで、大愚和尚が臨済が悟ったことを確信するというところだ」

「すごい話ですね」

「そうだな。臨済らしい。

これまで話してきたように、悟った瞬間、自己と他者の区別など一切消えてしまう。師も弟子もない。目の前にいる師も含めすべてが自分だ、そう感じたからこそ臨済は躊躇なく師を殴れるのだ。もちろん、殴られた師のほうも同じ理解をしているので、直ちに臨済が同じ状態に至ったと理解するのだ。

禅では、このような一見、意味不明としか思えない師と弟子のやりとりは多くある」

和尚の解説が終わると、再度、私はネットの解説文に目をやった。そこには、臨済の弟子たちへの言葉も掲載されていた。

「ネットの解説に次のような弟子たちへの言葉も載っていました」。私はそう言い、臨済の言葉を読み上げた。

お前たちは祖仏に会いたいと思うか。いまわしの面前で説法を聴いているお前たちこそがそれなのだぞ。しかし、修行者がそれを信じきれないが故に、外に向かって求め回るのだ。たとえ得ることが出来たとしても、それは全て文字上のことであり、決して活きた達磨の意ではない。（ウィキペディア）

この言葉を聞き終わると、和尚は再び語り始めた。

「そうだ。悟った者の意識はすべて存在全体の意識の中に溶け込んでいる。悟るとは、目の前の師の意識だけでなく祖仏たちの意識とも一つになるということなのだ。だからこそ臨済は弟子たちに対して、そのことを信じ、経典ではなく、ひたすら自己と向き合えと言ったのだ」

「やはり、私たちが悟っているかどうかを見分けることは難しそうですね」。私は少し残念そうに感想を述べた。

「悟っているかどうかは悟った者にしか分からない。師はあくまでも弟子の自己意識が存在全体の意識と一体となっているかどうかを見極めるのだ」

「だから弟子が悟ったことを証明する印可状のようなものがあるのですね」

「そうだ。しかし、悟っていない者が印可状を与えるようなことも多くなると、印可状もほとんど意味をなさなくなってしまった」

「一休宗純は、印可状を拒んだことで有名ですよね」

「一休の師匠の華叟宗曇は立派な禅師だったので、普通なら印可状を受け取るところだ。しかし、一休らしいといえば一休らしい。印可状をもらうことで、僧侶という枠に自らを閉じ込めてしまうようなことも嫌っていたようだ」

「師匠の華叟は笑いながら『馬鹿者！』と言って一休を送り出したそうですね」。この話は私の好きな逸話の一つだった。

「そうだったな。実際、一休はその後、悟った者として自由にふるまい、文字どおり型破りの破戒僧として当時の僧侶たちとは一線を画していた」

「確か、みすぼらしい恰好をして、見た目だけが立派な偽坊主の真似はしたくないと言ったり、僧侶なのに派手な剣を持ち歩き、鞘の中の木刀を見せて、何の役にも立たない僧侶と同じだと言ってみたり、当時の僧侶たちにも手厳しかったようですね。でも、人々からは活き仏として慕われていた」。私はそう言って微笑んだ。

和尚は黙って頷くと、しばし沈黙し話し始めた。

「そもそも、悟った者は自ら悟ったことを宣言しようなどとはまったく思わない。自分にとって、悟りは厳然たる事実として揺るぎがないものであるし、それだけで十分だからだ。ましてや他の者に証明してもらう必要性などまったく感じない。悟りとは本来そういうたぐいのものだ。おそらく、一休も悟りを証明する紙切れなどまったく必要としていなかっただろう」。そう言うと、和尚はその日の話を締めくくった。

「なるほどそういうことだったのですね……。今日のお話もとても興味深かったです」。

私はそう言うと、急いで今日の話をノートに記録した。

（これでようやくレポートが書けそうだ）

取材を終えた私はそうつぶやくと、ノートをカバンにしまい、和尚にお礼を言った。

「ありがとうございました。五日間にわたって詳しいお話が聞けてとても参考になりました。たぶん、これで疑問点はすべて解消できたと思います」

「そうか」。そう和尚は言うと、（本当に大丈夫かな？）というような表情で私の顔を覗き込み、笑いながら言った。

「まあ、いいだろう」

（まだ何か聞き漏らしたことがあっただろうか？）。和尚の表情を見て自信がなくなった私は、念のため再訪のための予防線を張った。

「レポートの作成にすぐ取りかかりますので、また、分からないことや疑問点が出てくれば、お伺いさせていただくと思います」。私はそう言って用意していた大福を差し出した。

和尚は微笑みながら大福を受け取ると、門まで私を見送ってくれた。お婆さんにも挨拶をしようと思ったが、ちょうど外出中とのことだった。

私は門前で深くお辞儀をすると、お寺を後にした。


帰りの列車の中、私は車窓からの風景を眺めながらレポートの構成とあらすじについて考えをめぐらせていた。すると、スマホにメールが入ってきた。メールは妹からだった。明後日の日曜日に私が住んでいるアパートに遊びに行きたいというメッセージだった。

（ちょうどいい。レポートのあらすじについて妹に感想を聞いてみよう）。メールを読んだ私は即座に「了解！」と返信をした。

土曜日、私はこれまでの取材内容を整理し、一日がかりでレポートのあらすじを作成した。

翌日曜日の朝、妹がアパートにやってくるのを待ち、さっそく私はレポートのあらすじを妹に聞かせてみることにした。

妹はすでに社会人になっており、今日は気分転換に私のところに遊びにきたのだった。妹はあれこれ考え込んでしまう私とは対照的に直感的で、思ったことを単刀直入に言う性格だった。もともと妹は宗教にはまったく関心がない質だったが、私がレポートのあらすじについて説明をし始めると、日常的な悟りの一瞥体験など自分でも実感の湧く話は興味深く私の話を聴いていたようだった。

しばらくして私の話を聴き終わると、妹は少し思案し次のように感想を言った。

「悟りの体験って、体験としてはおもしろいと思うけど、でも、あくまでも生きている間のことだよね。だって、結局、死んでしまうんでしょ？　一休さんも『死にとうない』と言ったということだし」

妹らしい感想に意表を突かれた私は、しばし考え込んでしまった。

一休の印象が強かったせいか、私は破戒僧として人生を楽しんでいる一休の言動を解き明かすことで、すっかり悟りの体験が理解できたと思い込んでしまっていたのだ。

（うーん、死後についてか……）

妹の指摘について思案しながらも、私はふと、初日の取材の後、「無記」という仏教用語について調べたことを思い出した。

無記とは、修行をする上で役に立たない問いについて、仏陀が回答や言及を避けたことであり、私は改めてその解説を読み返した。そこには「修行完成者（如来）は死後存在するのか、しないのか」という問いに対し、仏陀は答えなかったと記載されていた。

（悟った者の死後について仏陀は答えなかったのか。でも和尚は、確か臨済の弟子たちへの言葉の解説で「悟るとは祖仏たちの意識とも一つになること」という説明をしていたはず。すでに死んでしまった祖仏たちの意識とは何のことなのだろう？

もしかすると悟りと死との関係、ここに悟りを理解する重要な鍵がまだ残っているのかもしれない）。私は心の中で自問した。

【五日目】

（やはり、再度、和尚に教えを乞うしかない）

妹の指摘によって、重要な論点が残っていることに気付いた私は、急遽、明日の予定を変更し、再度、和尚を訪ねることを決めた。

（いいタイミングで妹が来てくれてよかった）。私は妹にお礼を言おうと振り返ったが、すでに感想を言い終わった妹は、いつの間にかソファーに横になり、うたた寝をしていた。

（朝も早かったし、きっと仕事の疲れもたまっているのだろう）。私はそうつぶやくと、妹のほうを見ながら「ありがとう」と小さくささやいた。

【六日目】

不死なる意識と悟り

今日、私は再び和尚に会いに行くこととした。昨日の妹との会話で、悟りと死との関係という重要な論点が残っていることに気付いたためだ。

これまでの和尚の解説で、悟り体験とは存在全体の意識と一つになるということが分かったが、その意識は肉体の死後どうなるのか。一休宗純は死に際に「死にとうない」と言ったとされるが、一休のような悟った者は死に対してどのような認識を持つこととなるのか。

私はレポート作成上、この論点はぜひ触れておかなくてはいけないと感じる一方、回答が得られるかどうか一抹の不安も感じていた。

【六日目】

（はたして和尚はこの論点について答えてくれるだろうか。修行して悟りを体験しなさいと言われて終わりかもしれない。でも、ダメ元で聞いてみよう）。私はそう自分に言い聞かせた。

私は朝食を済ませると、いつものように取材の準備を整えお寺に向かった。

お寺の前に到着した私は、いつになく緊張していた。もし和尚が答えてくれなければ、せっかくのレポートが未完成になってしまうような気がしたからだ。

境内では、ちょうど和尚が庭木に水やりをしているところだった。近くの木の枝にはスズメたちがとまっており、おとなしく水やりをしている和尚を眺めていた。

和尚は門前にいる私を見つけると、その場からいつもの座敷に上がるよう私に声をかけた。

さっそく座敷に上がると、私は急遽、和尚に会いにきた理由を説明した。

「おはようございます。昨日は急にお電話を差し上げてすみませんでした。どうしても最後にもう一つお聞きしたいことがあったので……。何卒よろしくお願いいたします」

「そうか、聞き逃したことがあったか」。和尚はそう言うと微笑みながら私の顔を見た。

「はい。実は最後にお聞きしたいのは死についてです。具体的には悟りによって死に対する認識がどのように変化するのかという点についてです。一休宗純は死に際に『死にとうない』と言ったということですが、悟った者は死に対してどのような認識を持つようになるのでしょうか」。和尚の表情を窺いつつ私は質問をした。

和尚は一瞬沈黙した後、次のように言った。

「いいだろう。良い質問だ」

（良い質問？）。予想に反して和尚は答えてくれそうだった。

和尚は続けた。

「死の問題は、誰しも先延ばしにしようとする問題だ。人はいずれ死ぬ。考えたところでどうしようもないと。しかし、この死の問題の中にこそ、悟りへの鍵があるのだ。なぜそうなのか、今日はこの点について詳しく見ていくこととしよう」

「よろしくお願いします！」。私は思わず背筋を伸ばした。

和尚は解説を始めるに当たり、冒頭、私自身の死に対する認識を尋ねてきた。

「悟り後の死に対する認識の変化について解説する前に、まず、私たちが死に対してどのような認識を持っているかについて確認しておこう。この点について、そなたはどう思っているか」。和尚はそう言い、私のほうを見た。

「死は怖いですが、一方で死後も自分が魂のようなものとして存在し続けるのではないか、といった漠然とした気持ちも心の片隅にあります」。私は率直に自分の認識を述べた。

正直なところ、私は死は怖いものだという認識はあるものの、昨年、祖母が亡くなった際も、まだ祖母がどこかで私のことを見守ってくれているような気もしていた。

私の答えを注意深く聞き終わると、和尚は語り始めた。

「うむ。そなたが答えたように、死の恐れは誰しもが感じるところだ。一方、死を恐れながらも、死後も魂のような何かが生き続けるのではないかという感覚、思いを持つ人がいることも事実だ。そして、このような感覚、思いを持つことには理由がある」

（理由がある？）。単なる迷信のたぐいだと思っていた私は和尚の言葉に驚いた。

驚く私を見ると、和尚は解説を始めた。

「まず、死に対する恐れから見ていこう。そもそも私たちはなぜ死を恐れるのだろう。そなたは考えたことはあるかな？」。和尚は私の顔を覗き込んだ。

私は少し思案し、次のように答えた。

「自分が無になってしまうためだと思います」

和尚は私の答えを聞くと、次のように説明した。

「そうだな。実は正確にいうと、死への恐れは自我が消えてなくなることから生じる恐れなのだ。

これまで話してきたとおり、自我すなわち〝我〟という感覚は、誕生後に形成された思考によるイメージ、幻想であり、肉体の死とともに消滅する。もともと生まれたときにはなかった自我が死後も残ると考えること自体、非論理的だということは少し考えれば分かるだろう。

しかし、私たちは生涯をとおして自我に執着し、自我を（意識を含めた）自分自身だと思い込んでいる。このため自我が死ぬことで自分自身がまったくの無になってしまうように感じるのだ。だからこそ、私たちは死を恐れる」

和尚の説明を聞いた私は、（もしかして、肉体の死により自我（思考）は死んでも、自己（意識）は死なないということなのだろうか）。そう思ったが、言葉には出さず、そのまま続けて和尚の話を聞くこととした。

和尚は解説を続けた。

「一方、そなたが言ったように、魂のような不変的な自我、〝我〟があるのでは、という感覚、思いを持つ人も少なからず存在する。なぜ、そのような感覚、思いが生じるのか。次にその理由を説明しよう」

和尚の言葉を聞いた私は、思わず次のように言った。

「もしかして、この話は輪廻（生まれ変わり）と関係がありますか？」。私は三日目の話で出た輪廻のことを思い出した。

和尚は微笑むと次のように言った。

「そう、関係がある。ただし、輪廻の主体は阿頼耶識《あらやしき》という無意識の最も底にある深層意識だ。阿頼耶識は宇宙万有の展開の根源であり、輪廻の主体として生死も超えている。そして、この阿頼耶識は通常は意識されることのない無意識領域であり、〝我〟という感覚はない。なので、〝我〟すなわち自我が輪廻する訳ではないのだ。

実は、無意識下には阿頼耶識よりも浅く、意識につながる無意識層が存在しており、〝我〟という感覚があって、ひたすら自我に執着している。そして、この無意識層（自我執着心）が、阿頼耶識を不変で実体的な自我の中核であると思い込み、その誤認が無声のささやきとして意識層に届くのだ。

この無意識下からのささやきこそが、自我が不変的な魂のようなものとして存在し続けるのではないかという感覚、思いを生じさせる原因だ。なので、不変的な自我、〝我〟という感覚、思いはあくまでも誤認にすぎないのだ」

和尚の言葉にはいつになく真剣さが感じられた。

（自我に執着し、自我の死を恐れるあまりこのような誤認が生じているということか）

私は心の中でつぶやくと、これまでの知識をたよりに感想を述べた。

「私たちは意識と無意識の双方で自我に執着し、自我が思考によるイメージ、幻想だという真実を理解しない、受け入れようとしないため、死への恐れや、このような誤認が生じるのですね」

和尚は頷いた。

「そうだ。私たちは実体のない自我に執着し、本当の自分だと思い込んでいる。このため肉体の死、自我の死を恐れるのだ」

自己（意識）と自我（思考）は別物で、私たちは実体がない自我（思考）に執着しているという説明はこれまでも聞いていたので、どうにか話についていくことができた。

「では、死への恐れをなくすにはどうすればよいのでしょう？」。私は核心部分へ質問を進めた。

「真実を理解すること。知識として理解するのではなく、肉体が生きている間に、自我への執着を解き、体験として自我の死と向き合うことが必要だ。これこそ、悟りの意味するところだ。

自我の死と向き合うことにより自我の殻は完全に開き、自己の意識は解放される。そして、存在全体の意識と融合することで、私たちは死などあり得ないということを体感するのだ」。和尚は力強く答えた。

（死などあり得ないことを体感する、そういうことなのか）。和尚の言葉を聞き、私は、ようやく悟り後の死に対する認識にたどり着いた気がした。

私はさらにこの点について、より詳しく知ろうと解説をお願いした。

「死などあり得ないという悟り後の認識について、より詳しい解説をしてもらえないでしょうか？」

和尚は頷くと説明を続けた。

「悟りとは、存在全体の意識に自己の意識が溶け込み一体化するということはこれまで説明してきた。そして、この存在全体を満たす広大な意識は、太古の昔より存在し、永久に存在する普遍的な意識だ。したがって生も死もない。不死だ。このことは、意識の融合が起こった際、自己の意識が肉体の境界を越えて広がることで、瞬時に理解される。

もちろん肉体は死ぬ。しかし、肉体は重要ではない。なぜなら、もはや肉体など、この広大な存在全体の意識に比べれば、きわめて限定的で一時的なものにすぎず、仮に肉体が死んでも、この意識自体には何ら影響を与えないからだ。したがって、死の恐怖は直ちに消える。文字どおり死などあり得ないことを体感するのだ。これが悟り後の死に対する認識だ」

「そういうことなのですね」。私は感嘆しつつ、ようやく知りたかった問いへの答えが得られたと感じた。

　さらに和尚は解説を続けた。

「言い方を変えれば、悟りとは、生きている間に自我の死を通過し、意識上での不死を体験することといえる。だからこそ、宗教指導者たちは自我の死に向き合うことの必要性を何度も説いているのだ」

「具体的には、どのように説かれているのでしょう」。私は尋ねた。

「例えば、唐代の禅師である趙州《じょうしゅう》従諗《じゅうしん》と投子《とうす》大同《だいどう》が残した問答に次のようなものがある。

『趙州、投子に問う。「大死底の人、却って活する時如何」（死にきったときに初めて、生き返ったかのように自由自在のはたらきが現れるのはなぜか）。

投子云く、「夜行を許さず。明に投じて須く到るべし」（夜に目的地へ行くことはできない。目的地は夜明けに出発して到るべき）』

一見、意味不明の問答であるが、禅の修行では、この問答の解釈が問われる。

自我の死を通過し、悟りにより新たに生まれ変わりを体験した者にとっては、この問答の意味は明白だ。

自我が死ぬ前と死んだ後では、闇夜と夜明けほどの違いがあるからだ。自我がある間は、闇夜の中にいるようなもの、何も見えず恐れや不安もある。どこにも行けない。自我が死ねば、夜が明けて明るくなる。そうなったら恐れや不安もなくなり自由にどこにでも行けるようになる、自我の死により生き返るとは、それと同じようなものというのがこの問答の意味だ。

同趣旨の言葉はイエスも語っている。

『一日には十二時間あるではないか。昼間歩けば、人はつまずくことはない。この世の光を見ているからである。しかし、夜歩けば、つまずく。その人のうちに、光がないからである』（『ヨハネによる福音書』11：9－10）

『わたしは世の光である。わたしに従ってくる者は、闇のうちを歩くことがなく、命の光

を持つであろう』（『ヨハネによる福音書』8：12）

イエスの言う『命の光』とは、イエスの教えに従った者が得る悟り意識のことなのだ。

また、白隠禅師の言葉に次のようなものがある。

『若い衆　どうせ死ぬなら　いま死にゃれ　一度死んだら二度死なぬ』

まさに一度自我が死ねば、不死なる悟り意識と一つになる、もう二度と死ぬことはないと白隠は言っているのだ。

同趣旨のイエスの言葉を引用しよう。

『よくよくあなた方に言っておく。一粒の麦が地に落ちて死ななければ、それはただ一粒のままである。しかし、もし死んだなら、豊かに実を結ぶようになる。自分の命を愛する者はそれを失い、この世で自分の命を憎む者は、それを保って永遠の命に至るであろう』（『ヨハネによる福音書』12：24-25）

イエスは、私たちを一粒の麦にたとえ、麦の殻すなわち自我の殻が死ぬことによって、種の中にある自己の意識が豊かに実を結び、永遠の命すなわち不死なる悟り意識に至ると説いているのだ。『自分の命』すなわち自我を愛する者は、『それ』すなわち自己の意識を失い、この世で『自分の命』（自我）を憎むものは、『それ』（自己の意識）を保って『永遠の命』（悟り意識）に至るのだ。

これらの言葉はすべて、自我の死によって不死なる意識に到達できることを説いたものだ。

自我の死により〝死〟から解放され、平安なる不死の境地に至ること、これが悟りだ。私が冒頭に、死の質問が良い質問だと言ったのはこういう理由からだ」

私は死について、いつになく和尚が熱心に説明した理由をようやく理解するとともに、イエスの言葉が出てきたことにも驚いた。

「イエスもこれらのたとえ話によって、同じことを説いていたのですか！」

「そうだ」

「でも、教会ではイエスの言う永遠の命が、禅の悟りと同じだというような説明はなされませんよね」

「私は、しばしばイエスの言葉について言及するが、これは禅師である私から見たイエスの言葉の解釈だ。教会で説かれている教義とは一切関係ない」。そう和尚は言った。

和尚の言葉を聞いた私は、イエスが弟子たちに、たとえで話す理由について次のように語っていたことを思い出した。

『あなた方には、神の国の奥義を知ることが許されているが、他の人たちには、見ても見えず、聞いても悟られないために、たとえで話すのである』（『ルカによる福音書』8：10）

（もしかすると和尚は、イエスの弟子だけが知ることを許された『神の国の奥義』について語っているのかもしれない）。私はそう感じた。

そして続けて私は、これまで何度か引用のあった老子についても尋ねた。

「永遠の命については老子も語っていますよね」

「そうだな。老子は存在全体の意識のことをタオと呼び『万物の祖先のようだ。（中略）それは実質のとらえがたい象《すがた》として、太古の帝王より以前から存在していた』（『道徳経』

第四章）、『形はないが、完全な何ものかがあって、天と地より先に生まれた』（『道徳経』第二十五章）などと語っている。そして、『「永久であるもの」を知ることが「明察」と呼ばれる』（『道徳経』第五十五章）とあるように、永久であるタオ、存在全体の意識を知ることが明察、悟りであると説いていたのだ。

ちなみに、中国では禅宗と道教の交流も多かったようだ」

（やはり禅宗と道教はつながりがあったんだ）。私は和尚の解説に納得するとともに、思わず感想が口をついて出た。

「真理は一つなんですね」、

「そうだ。宗教間で異なるのは、あくまでも方法論、手法についてだ。真理は一つであり、目指す境地は同じだと理解しておくとよいだろう」。そう言い、和尚は話を締めくくった。

死について答えてくれないかもしれないという私の懸念は杞憂に終わった。和尚の説明により、私は死という問題の中に悟りの本質があることを知った。

こうして私の和尚への取材は終了した。

ひととおり和尚の話を聞き終えた私は、改めて和尚に対し、悟りの体験について詳しい解説をしてくれたことに感謝の意を述べた。悟りについて何ら修行経験や体験のない私だったが、和尚の解説により様々な疑問が解け、私自身の悟りに対する認識は大きく変わっていた。

そして私は最後に、これまでの話をレポートにするに当たっての懸念点について和尚に相談をした。

「悟りの意識状態についてどうにか理解することはできました。ただ、お教えいただいたことをこれからレポートにしようと思うのですが、存在全体の意識との融合により不死の境地に至るなど、悟りは想像を超える体験であり、正直なところ、レポートを読んでもらう人に理解してもらえないのではないかと懸念しています」

和尚は私の言葉を聞き終わると、次のようにアドバイスしてくれた。

「その懸念には次の老子の言葉を贈ろう。

『最もすぐれた士はタオについて聞いたとき、力を尽くしてこれを行う。中等の士はタオについて聞いても、たいして気にもとめない。最も劣った士はタオについて聞いたとき、大声で笑う。笑わないようなものはタオとしての価値がない』（『道徳経』第四十一章）悟りは言葉だけでは理解されなくて当然だ。だからこそ、不立文字、教外別伝なのだ。老子のいうとおり、馬鹿げているといって笑われてこそ価値のあるレポートの証だ。そう思いなさい」。そう言って和尚は笑った。

（そんな……。レポートは評価してもらえないと意味がないのに）。私は心の中でつぶやき、和尚らしい励ましの言葉に苦笑した。


帰り際、和尚は門まで見送りに来てくれた。私は近くにいたお婆さんにもお別れの挨拶をし、またいつかお伺いするつもりである旨を伝えた。

「またいつかお伺いさせていただくと思います」

「是非、また来なされ」。お婆さんは笑顔で見送ってくれた。

スズメたちはその一部始終を木の上から眺めているようだった。きっと和尚からのご飯が待ち遠しいのだろう。

お寺を後にした私は、帰り道を歩きながら、これまでの和尚の様々な話を思い返していた。

（そういえば）。私は、ふと先日読んだ一休の言葉を思い出した。

『南無釈迦じゃ　娑婆じゃ地獄じゃ　苦じゃ楽じゃ　どうじゃこうじゃと　いうが愚かじゃ』

（この言葉、解説をお願いしようと思っていたけれど、すっかり忘れてしまった）。そうつぶやきつつも、私の足は駅に向かっていた。

（きっと死がないことを知った一休だからこそこう言えたのだろう）。私は、自分の中で一休の言葉と和尚の話が自然とつながっているのを感じていた。

自宅に戻ると、私は改めて今日の和尚の話を振り返った。

悟った者は死後どうなるのかという問に対しては、悟った時点で不死に至るというのが和尚の答えだった。

（悟りとは生きている間に不死の境地に至ること。やはりこれがレポートの結論になりそうだ）。私はそうつぶやくと、最後にレポートの結論を裏付ける経典の記述を探してみることにした。

（たしか、仏陀も不死について語っていたはず）。私は最も古い仏典である『スッタニパータ』を取り出した。『スッタニパータ』は仏陀が語った言葉に最も近い経典といわれているためだ。

しばらく読み進めると、次のような仏陀の言葉を見つけた。

『この世において愛欲を離れ、智慧ある修行者は、不死・平安・不滅なる涅槃の境地に達した』（『スッタニパータ』２０４）

『この世において見たり聞いたり考えたり識別した快美な事物に対する欲望や貪りを除き去ることが、不滅の涅槃の境地である』（『スッタニパータ』１０８６）

これらの仏陀の言葉には、不死・平安・不滅の涅槃の境地は『この世において』達するものと説かれていた。

（やはり、仏陀自身も同じことを語っていたのか）。仏陀の言葉を読み返し、改めて私は、和尚が仏教そのものを紐解く鍵を与えてくれたことを理解した。

（和尚の話を聴いていなければ、この仏陀の言葉の意味も決して分からなかっただろう。悟りの体験をした訳ではないけれど、和尚との対話により、真理とは何かについて、重要な視点が得られた気がする）

私はそうつぶやくと、「真理は一つである」といういう和尚の言葉を思い出し、もしかすると悟りにより、仏教だけでなく他の宗教も読み解くことができるかもしれない、そんな想いが自分の中に生じてくるのを感じていた。

〈著者紹介〉
在家 樂（ざいけ がく）

私《わたし》の悟《さと》りレポート
～とある禅師《ぜんじ》の講義録《こうぎろく》～

2023年8月16日　第1刷発行

著　者　　在家樂
発行人　　久保田貴幸

発行元　　株式会社 幻冬舎メディアコンサルティング
〒151-0051　東京都渋谷区千駄ヶ谷4-9-7
電話　03-5411-6440（編集）

発売元　　株式会社 幻冬舎
〒151-0051　東京都渋谷区千駄ヶ谷4-9-7
電話　03-5411-6222（営業）

印刷・製本　中央精版印刷株式会社

検印廃止

ISBN 978-4-344-94503-6 C0093
幻冬舎メディアコンサルティングＨＰ
https://www.gentosha-mc.com/